LE SOCIALISME

ET

LE CHRISTIANISME,

DANS

LES CIRCONSTANCES ACTUELLES;

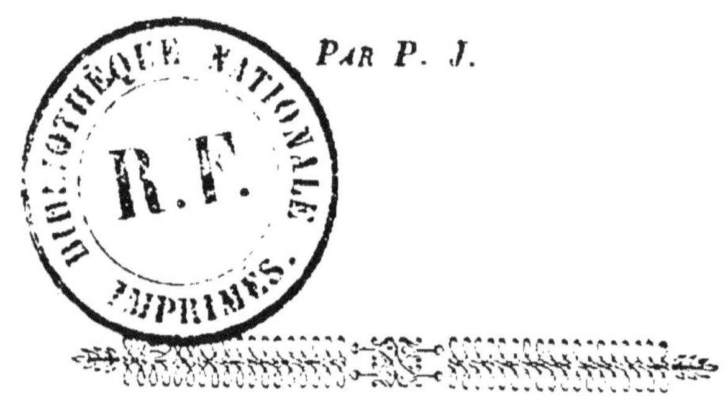

Par P. J.

MONTAUBAN,

CHEZ LAPIE-FONTANEL, IMPRIMEUR.

1848.

LE SOCIALISME ET LE CHRISTIANISME,

LES CIRCONSTANCES ACTUELLES.

La question que la révolution de Février vient de poser impérieusement devant la France et devant le monde, peut, si l'on ne
regarde qu'au fait externe, se ramener à cette simple formule :
Répartition plus égale des droits et produits sociaux. Mais, pour
peu qu'on pénètre au fond des choses, on voit qu'elle touche à
tout, qu'elle atteint tous les principes comme tous les intérêts,
qu'elle descend jusqu'aux bases les plus profondes de la constitution politique et morale des peuples. Elle prend peu à peu une
signification et une portée immenses, s'étend et s'élève toujours
davantage, et rentre enfin dans la loi mystérieuse qui régit
le développement ascensionnel de la société. Ce n'est plus alors
une question temporaire et locale; c'est la question universelle et
éternelle. Elle naît de cet idéal de perfection que l'humanité
entrevoit comme son but suprême, et qui, grandissant sans cesse
devant elle, l'attire et la pousse toujours en avant. Au fond
elle n'a peut-être fait défaut à aucun peuple ni à aucun âge.
Seulement elle change constamment de caractère et d'objet, de
forme et d'application. Elle a ses repos et ses réveils. Elle reçoit

de loin en loin, chez les diverses nations, des solutions provisoires, qui sont à la fois des moyens de progrès et des points d'arrêt, parce qu'elles calment en satisfaisant; haltes momentanées dans le mouvement incessant des idées et des choses. Tel est le rôle que jouent dans l'histoire les grandes législations politiques et religieuses. Mais ces institutions se donnant pour définitives, s'enfermant dans des formes inflexibles, qu'elles élèvent comme des barrières d'airain autour de la pensée et de l'activité humaines, finissent par lui faire obstacle ; et l'esprit des peuples les renverse pour s'en créer d'autres. La société, de même que l'individu, ne vit qu'à la condition d'une transformation continuelle.

En bien des cas, le mouvement peut sembler rétrograde : ordinairement, il n'en est rien (1). Si le progrès ne s'accomplit pas en ligne droite, il s'opère en *ligne spirale*. Ces commotions, ces immenses bouleversements, où l'on dirait qu'il s'arrête et se perd sans retour, se trouvent à la fin avoir contribué à lui déblayer et lui préparer les voies. Mais les jours de ces préparations providentielles sont souvent des siècles.

Et quand l'esprit des peuples s'affaisse, s'égare, se déprave, au point d'être incapable et indigne de ses destinées, Dieu souffle sur le monde un nouvel esprit qui le ranime et le régénère.

Telle fut la mission du christianisme dans ses rapports avec les nations.

Le christianisme réhabilitant l'homme devant l'homme, en plaçant au même rang devant Dieu l'esclave et le maître, en fondant les droits par les devoirs et sur les devoirs, en substituant à l'antagonisme des nationalités et des races, le sentiment d'une

---

(1) Je dis *ordinairement*, car la loi providentielle du développement de l'humanité n'est point uniforme et absolue, comme on le suppose communément. Bien des gens la voient telle qu'ils la font, plutôt que telle qu'elle est. Les faits ne correspondent pas aux théories; à côté des peuples progressifs, sont des peuples stationnaires et même rétrogrades; à côté de l'Europe, l'Asie. Il existe une double série de données historiques qui dérange les systèmes. Il semble qu'il faille au progrès social, de même qu'au progrès individuel, un germe, un stimulant, venu du dehors.

confraternité universelle, en proclamant l'avènement du *royaume des Cieux*, a élevé infiniment le pur idéal de l'humanité, et ouvert par cela même au progrès individuel et social une carrière sans bornes.

Le christianisme ne s'est pas attaqué, remarquons-le, aux institutions extérieures, pour les remplacer violemment par d'autres. Il a passé à côté d'elles, sans y toucher, sans y regarder. Il est allé aux sources du mal. S'adressant uniquement aux idées et aux mœurs, il ne s'est préoccupé que d'extirper l'erreur et la corruption, que d'établir sur la terre, au nom du Ciel et par la foi, le règne de la vérité, de la charité, et de la justice. Ici, point de forme sociale irrévocablement arrêtée, point de constitution absolue, ni dans l'ordre temporel, ni même dans l'ordre spirituel, rien que les grands principes de religion et de morale éternellement obligatoires et nécessaires, parce qu'ils sont éternellement les mêmes. Le christianisme est *esprit et vie*, suivant la déclaration de son Fondateur (1). Il change la société en changeant l'homme. Par la régénération des âmes, il amène, avec le temps, celle de la famille et de la cité, de l'état et du genre humain ; nouvelle création morale, d'où sort un monde nouveau. Depuis dix-huit siècles, le levain n'a pas cessé de pénétrer et de transformer la masse ; l'œuvre interne s'est constamment poursuivie. Quoique lente, incomplète, traversée au dehors par mille obstacles, pervertie au dedans par mille altérations, nous pouvons cependant la suivre comme à la trace, et en constater aujourd'hui les immenses résultats. Il suffit de citer les trois mots inscrits par la France sur sa bannière nationale. De ces trois mots un seul, le premier, appartient aussi aux anciens peuples ; mais il avait chez eux un tout autre sens que chez nous. Rapprochée de la liberté moderne, la liberté antique n'est qu'un privilège et un monopole ; elle a pour fondement l'ilotisme et la conquête ; les droits de l'homme restent étouffés sous ceux du citoyen.

Il est des temps où le mouvement devient plus intense et plus rapide. Un jour réalise l'œuvre préparée par des siècles. Le présent se hâte, se précipite en quelque sorte vers l'avenir. Tout ce

(1) Jean vi, 63.

qui est s'ébranle et s'écroule pour faire place à ce qui doit être.

C'est alors qu'il importe plus que jamais de regarder et de s'attacher aux grands principes qui doivent tout dominer, tout contrôler, après avoir tout produit, sous peine de voir les espérances se changer en mécomptes, et le bien même en mal. Le point capital est d'édifier en démolissant, de telle sorte que l'ordre nouveau se dégage, pour ainsi dire de lui-même, de l'ordre ancien dont il ne doit être que la transformation. Or, cela ne se peut que par la fidélité à ces éternels principes dont les développements, les applications, les exigences secrètes, impriment au mouvement social ses tendances et ses formes diverses.

Nous sommes à un de ces moments. Bien des symptômes en annonçaient l'approche. Quel esprit recueilli et attentif n'avait remarqué, avec une sollicitude mêlée d'espérance et de crainte, les indices toujours plus sensibles de ce malaise précurseur des bouleversements dans le monde moral comme dans le monde physique, la manifestation de désirs indéfinis, mais positifs et immenses, les signes d'une aspiration de jour en jour plus vive vers un renouvellement de toutes choses. L'état existant n'inspirait plus ni foi, ni affection réelle. Une révolution sociale était imminente. Les observateurs placés aux points de vue les plus opposés, les économistes, par exemple, et les chrétiens la pronostiquaient également; le monde et l'église étaient dans l'attente. Et si quelques personnes rêvaient le retour au passé, si les masses indifférentes se cramponnaient au présent, le siècle, tout las qu'il paraissait être, continuait à se porter en avant, poussé par la puissance invisible qui lui crie sans cesse : marche, marche!

Tout s'affaissait ; la vie se retirait des institutions ; elles fonctionnaient, elles se développaient extérieurement, mais elles n'avaient plus leurs racines dans le sol. Aussi quelques heures ont-elles tout emporté. Mais les ruines annoncent et préparent une reconstruction, conformément à l'une des grandes lois de la Providence.

Le mouvement actuel est la continuation ou la reprise de celui de 89. Il n'y a pas seulement identité de symbole; il y a identité de principes et de but, avec des différences d'application naissant des différences de position. Dans le premier, prédomina la question politique, dans le second prédomine la question sociale. Celui-là se préoccupa surtout des droits, celui-ci se préoccupe davantage des intérêts ; l'un fut l'avènement des classes moyennes, l'autre est l'avènement des classes inférieures. Mais au fond, répétons-le, c'est le déploiement d'une même idée. Les deux phases se reflètent l'une dans l'autre.

La question sociale a passé tout à coup des livres où elle se débattait depuis trop peu de temps, dans la sphère de la réalisation immédiate. C'est pour cela, et parce qu'elle intéresse au plus haut degré les destinées de la France et du monde ; c'est parce qu'elle dominera, peut-être pour des siècles, la marche de la civilisation européenne, que chacun doit se hâter de dire ce qu'il croit propre à en assurer et faciliter la solution, lors même qu'il n'aurait su l'envisager que sous quelques-uns ou sous un seul de ses nombreux aspects.

Deux solutions générales sont en présence : la solution purement sociale et la solution chrétienne. Elles renferment l'une et l'autre des nuances très-prononcées qui se trancheraient aisément en systèmes et en partis ; mais dans l'examen comparatif que nous nous proposons d'en faire, nous nous attacherons pour chacune au principe, à l'élément constitutif, au fond commun, où s'unissent les vues diverses.

CHAPITRE I.er

Idée générale du Socialisme.

Nous pouvons distinguer deux acceptions de ce terme aujourd'hui si usité et si important. Il désigne, dans un sens restreint, certains systèmes d'organisation sociale, tels que le St-Simonisme, le Fourriérisme, etc. Il s'applique, en un sens plus large, aux institutions politiques et industrielles, aux formes gouvernementales, aux plans de législation et d'administration, d'où l'on attend l'accroissement général du bien-être moral et matériel des peuples ; il exprime alors le caractère le plus élevé, ou, si l'on veut, le terme final des sciences politiques et économiques.

Au premier sens, qui est le sens ordinaire, le socialisme peut se définir par son but et par ses moyens. Son but est d'obtenir une répartition plus régulière des richesses. Ses moyens, du moins ceux qu'il a proposés jusqu'ici, sont l'association et l'organisation du travail.

Pour lui le grand problème est celui-ci : Trouver un mécanisme social qui rende l'industrie attrayante, en détruise les abus, et en distribue équitablement les produits.

C'est ce problème que se sont posé et qu'ont cru résoudre également, quoique par des voies très-différentes, St.-Simon, C. Fourrier, R. Owen, etc., etc.

Le socialisme a pour résultat nécessaire d'enfermer l'homme dans ce monde, qu'il nie ou non un monde supérieur. Son principe et son but le mènent là, et il y arrive sous ses diverses formes. A ses yeux le souverain bien, c'est le bien-être. Déplaçant le but suprême que la philosophie, la religion, la conscience présentaient de concert à nos efforts et à nos vœux, il fait son idéal non de la perfection morale, mais du bonheur matériel ; ce qu'il veut, c'est la participation de tous aux ressources, aux jouissances amassées par la civilisation, et dont il annonce l'accroissement indéfini sous l'action du nouvel organisme qu'il propose. Le socialisme parle bien aussi de morale ; car, comment s'en passer ? Mais, outre que la moralité qu'il célèbre est souvent fort étrange, pour dire le moins, il n'a nul besoin de s'en préoccuper ; il sait où la prendre et comment la produire ; il l'a pleinement à sa discrétion ; elle découlera d'elle-même de l'association des intérêts, comme l'eau sort de la source ; elle ira si bien au-devant des besoins que tout sera sécurité, concorde, confiance, harmonie.

Ainsi, dans son excessive préoccupation de l'être social, il perd de vue l'être immortel, et par suite l'être moral lui-même ; car le détrôner comme il le fait, c'est l'anéantir. Concentrant dans la recherche des intérêts terrestres les pensées, les affections et les espérances, il ne laisse pas de place aux intérêts d'un ordre plus élevé. Quand il maintient la religion, il semble que ce soit par une sorte de respect humain, plutôt que par une conviction sérieuse. Son temple, son vrai sanctuaire, c'est l'atelier. Du reste il est à cet égard la trop fidèle expression de l'esprit du temps. Le siècle, quoi qu'on en dise, penche vers le matérialisme pratique ; il croit se mettre plus à l'aise sur la terre en rompant tout à fait avec le Ciel.

Le socialisme aspire à tout refaire, institutions, mœurs, idées ; il atteint tout, famille et propriété, état et église, philosophie et religion ; il veut tout abattre pour tout reconstruire. Il ne ménage pas plus les théories politiques et économiques que les doctrines philosophiques et religieuses. S'il ne voit que chimère dans la poursuite du bonheur et du progrès social par le relèvement des croyances, il ne voit qu'illusion et duperie dans les promesses du libéralisme et de l'économisme. Il institue un procès à peu près universel contre ce qui est.

Un autre caractère général du socialisme, c'est d'être essentiellement *humanitaire*. Au point de vue où il se tient, l'individu se perd dans la masse ; il y descend au rang et à l'office de zéro. Que sont en effet les diverses pièces d'un mécanisme ? Elles ne comptent et ne valent que comme parties intégrantes du tout. Cela permet de faire abstraction de bien des misères, de la maladie, et de la mort, par exemple, qui frappent l'homme et non l'humanité. Le naïf silence des doctrines socialistes sur ce point, n'est encore que le reflet d'une disposition fort commune de nos jours. Une foule de gens laissent aussi la mort, avec tout ce qu'elle entraîne, en dehors de leurs calculs et de leurs plans. On dirait à leur façon d'agir, que nous n'avons reçu la faculté de la prévoir que pour n'y point penser.

Mais le trait le plus saillant du socialisme, son principe le plus original et le plus fondamental, est celui-ci : Au moral comme au physique, le bien et le mal dépendent du milieu où l'homme est placé, de l'arrangement des circonstances et des choses au sein desquelles il vit, surtout de la constitution politique qui l'enserre et le domine. Changez ce milieu, disent les socialistes, et l'homme changera aussi. Remplacez l'organisation actuelle, créée dans l'intérêt de quelques familles ou de quelques classes privilégiées, par une organisation fondée sur l'intérêt de tous ; faites succéder à l'exploitation de l'homme par l'homme, le travail universel de l'homme pour l'homme, et vous aurez du même coup substitué l'amour, le dévoûment sympathique à l'égoïsme et à la corruption. Il n'existera plus de désordre, parce qu'il n'existera plus de lutte ni de misère ; la terre se transformera en un Éden ; l'état actuel de guerre et de souffrance fera place à une paix inaltérable, à une félicité universelle.

Nous disions que c'était là l'idée la plus originale du socialisme. Elle ne lui appartient pourtant pas en propre. Elle est bien plus vieille que lui. Elle se retrouve au fond de la question depuis si long-temps discutée entre la philosophie et la religion d'une part, et le libéralisme et l'économisme de l'autre : faut-il travailler à moraliser par le bien-être, ou chercher le bien-être par la moralité ? Elle est dans une question plus haute et plus ancienne encore, celle de la valeur respective de l'esprit et de la forme, ou des moyens internes et des moyens externes, pour l'amélioration de l'état général des peuples ; question capitale qui n'eut jamais peut-être plus de gravité et d'opportunité qu'aujourd'hui, et qui est en réalité celle que nous avons à débattre avec le socialisme.

Au socialisme touche le communisme. Le socialisme nie en général cette affinité. A certains égards, c'est à bon droit ; à d'autres, c'est à tort. Il y a entr'eux diversité de doctrines et de moyens ; il y a identité de principe et de but. Le communisme n'est en dernier résultat que l'application logique et rigoureuse du socialisme. Le communisme renverse résolument les deux vieilles colonnes de la société humaine, la propriété et la famille, que le socialisme se contente de miner. Il est également décidé quant à la religion ; il se glorifie d'affranchir définitivement l'homme de Dieu et la terre du Ciel. Il plonge à la fois ses racines et dans le panthéisme idéaliste de l'Allemagne et dans le panthéisme matérialiste de la France ; ces philosophies extrêmes, qui, méconnaissant en sens inverse le dualisme irréductible de la conscience et de la connaissance humaine, arrivent par des voies opposées au même terme final, l'apothéose de l'humanité, la réhabilitation de la chair, et par suite l'intronisation de saturnales universelles. L'âme se trouble et le sol tremble devant de telles doctrines, qu'on recouvre vainement d'espérances magnifiques pour faire illusion au monde, en se faisant illusion à soi-même.

Mais laissons là les rêves et les cauchemars, et considérons le socialisme dans les limites où il se renferme généralement. Faisons plus encore : considérons-le dans ce qu'il a d'universel et de permanent, en le dégageant des théories qui le vulgarisent et le compromettent tout ensemble ; considérons-le dans ce qu'il renferme d'élevé, de noble, de saint, je veux dire dans son esprit de bienveillance et de rénovation, dans sa pitié profonde pour les misères d'une si grande partie de l'humanité en face des ressources qu'accumule incessamment l'industrie moderne. Il y a là, répétons-le, un principe vivant qui travaille depuis bien des années à prendre possession du monde ; il y a une pensée de justice et de bienveillance, un devoir, un désir, qui tendait à passer dans les faits et dans les lois, et que la révolution de Février vient d'y porter tout à coup. Le socialisme est une expression de ce principe, de cette idée ; expression incomplète, nous le croyons, et par cela même exagérée et inexacte, mais qui n'en mérite pas moins d'être prise en sérieuse considération. Aussi les théories ont beau mourir en naissant, et les essais avorter l'un après l'autre, l'idée qui les a inspirés persiste ; loin de tomber, elle s'élève et monte sans cesse, elle saisit toutes choses et les attire peu à peu dans sa direction propre. C'est qu'elle est profondément enracinée dans notre temps, c'est que le même travail interne qui l'a développée dans les mœurs la pousse aujourd'hui dans les institutions. Les réformateurs socialistes en ont été à la fois les hérauts et les produits.

Si nous faisons dans les moyens que propose le socialisme le même départ que dans ses principes ; si nous en séparons ce qui est décidément hasardé ou chimérique de ce qui est réalisable et possible, nous trouverons, avec quelque étonnement peut-être, que ces moyens sont tous essentiellement politiques ou économiques. En dernière analyse, le socialisme n'est qu'un composé ou, si l'on veut, qu'une évolution de ce libéralisme et de cet économisme, contre lesquels il dirige de si vives accusations. La seule différence réelle, une fois les utopies mises de côté, c'est qu'il se préoccupe plus directement du sort des travailleurs,

que ne l'avaient fait jusqu'ici les doctrines libérales et économiques. Ces doctrines avaient même abouti, il faut le reconnaître,
à aggraver l'état des classes ouvrières en constituant une sorte
d'aristocratie souveraine dans l'ordre politique aussi bien que
dans l'ordre industriel. Mais on doit reconnaître également que
ce résultat était loin d'être dans les intentions. C'est le résultat
contraire qu'on avait voulu et attendu. Il y aurait de l'injustice
à le contester. On s'était flatté d'assurer les intérêts et les droits
de tous, en assurant la liberté de tous. Qu'on se rappelle et les
espérances de 89 et les promesses des premiers économistes. Les
faits ont démontré l'illusion des théories anciennes. Ils seraient
bien autrement décisifs contre les théories actuelles, si elles
étaient soumises à leur contrôle souverain ; car elles renferment
aussi, et même à un plus haut degré, l'erreur radicale qui a
produit ce fatal mécompte et qui réside dans la *nature* des
moyens auxquels les deux partis ont également recours.

Ces moyens sont très-divers sans doute. Le socialisme traite
fort cavalièrement ceux qu'ont préconisés le libéralisme et l'économisme. Le libéralisme et l'économisme de leur côté accusent
de folie ceux que recommande le socialisme. Mais ils ont pourtant un caractère commun qui les place dans une même catégorie
quand on les envisage d'un point de vue plus élevé. Les trois
tendances font également de l'organisation extérieure la base ou
la source du bien public. La première s'attache à l'organisation
de l'Etat, parce qu'elle veut surtout sauvegarder la liberté et l'é-
galité ; la seconde à l'organisation de l'industrie, parce qu'elle a
principalement en vue l'accroissement de la production ; la troisième à l'organisation du travail, parce qu'elle se préoccupe essentiellement des intérêts de l'ouvrier trop négligés jusqu'ici et par
suite souvent sacrifiés. Mais ces divers moyens s'appellent et
s'impliquent mutuellement. Les questions politiques et industrielles touchent par mille côtés à la question sociale ; et celle-ci
à son tour embrasse celles-là. Elles ne sont toutes que des
aspects différents d'une seule et même question, aspects qui frappent davantage tantôt l'un, tantôt l'autre, selon les préoccupations ou les nécessités du moment, mais qui ne doivent ni ne
peuvent s'isoler.

Tous ces systèmes procèdent du dehors au dedans. Tous placent la condition fondamentale de-l'ordre, du progrès, du bien-être, dans une constitution plus rationnelle de la société. Ils ne méconnaissent pas la haute importance de l'élément moral, mais s'ils lui conservent encore la priorité de rang, ils lui enlèvent la priorité d'ordre ; ils l'envisagent moins comme cause que comme effet ; ils attendent qu'il sortira spontanément de la régénération sociale ou politique ; ils comptent voir naître l'esprit nouveau qu'ils promettent de la forme nouvelle qu'ils proposent ; ils espèrent le trouver tout donné et tout prêt sous leur main, dès que le monde aura consenti à se laisser organiser comme ils l'entendent.

Ainsi, en dégageant les principes, les caractères essentiels, des caractères et des principes accidentels, il se trouve entre ces tendances plus d'identité que ne le laisserait supposer leur antagonisme. L'antagonisme est à la surface, dans les préoccupations et les exagérations systématiques ; l'identité est au fond, elle est dans le but et dans la nature des moyens. A l'encontre de l'opinion universelle et constante qui basait le renouvellement extérieur de la société sur le renouvellement intérieur de l'homme, elles font dériver le renouvellement de l'homme du renouvellement de la société. Voilà le trait fondamental qui les marque d'une empreinte commune, et qui nous autorise à les ranger toutes sous l'expression générale de *socialisme*, malgré leurs différences et leurs oppositions secondaires (1).

(1) On peut prendre dans d'autres sens le terme encore si indéterminé, et par cela même si compréhensif, de socialisme. Il suffit d'avoir défini en quel sens nous l'entendons. Ce terme exprime bien d'ailleurs le caractère général que nous voulons surtout faire ressortir dans ces systèmes, savoir : qu'ils rattachent essentiellement à la constitution sociale le bien-être matériel et moral des peuples.

CHAPITRE II.

Le but du Socialisme est un but chrétien.

Le sentiment qui inspire le socialisme, ses hautes et pures aspirations, ses profondes sympathies pour les classes inférieures, son ardent désir de les relever à tous égards, tout cela est en parfaite correspondance avec l'esprit de l'Evangile, tout cela en est une émanation secrète. L'œuvre du socialisme prise en soi, dans ses caractères généraux, en dehors des systèmes et des écoles, est une œuvre essentiellement chrétienne; son but, est un but chrétien.

Serait-il nécessaire de le prouver? La charité, et une charité tout autre que ne se la figurent le monde et l'Eglise elle-même, un esprit de renoncement et de dévoûment qui ne compte ni les obstacles ni les sacrifices (1), fait l'essence du christianisme pratique. La loi morale s'y résume dans le précepte de l'amour de Dieu, et dans celui de l'amour du prochain, *semblable au premier* (2). Jésus traversa la vie en faisant le bien (3). Il montra partout dans ses actes comme dans ses enseignements une prédilection spéciale pour les classes les plus délaissées. Il voulut que son Evangile fût annoncé aux pauvres par des pauvres. Il fit d'une sainte confraternité le caractère distinctif des siens (4). Lorsqu'il allait s'immoler pour la rédemption du monde, son dernier commandement fut celui-ci: *Comme je vous ai aimés, aimez-vous les uns les autres* (5). Et si vous voulez encore une de ces puissantes paroles par lesquelles il a jeté et nourri dans les âmes une inef-

(1) 1 Jean iii, 16.
(2) Math. xxii, 40.
(3) Act. x, 38.
(4) Jean, xiii, 35.
(5) Jean xiii, 34.

fable commisération pour toutes les souffrances humaines, lisez sa description prophétique du jugement :

Alors le Roi dira à ceux qui seront à sa droite : Venez, vous qui êtes bénis de mon Père, possédez en héritage le royaume qui vous a été préparé dès la création du monde ; car j'ai eu faim, et vous m'avez donné à manger ; j'ai eu soif, et vous m'avez donné à boire ; j'étais étranger, et vous m'avez recueilli ; j'étais nu, et vous m'avez vêtu ; j'étais malade, et vous m'avez visité ; j'étais en prison, et vous m'êtes venu voir.

Alors les justes lui répondront : Seigneur, quand est-ce que nous t'avons vu avoir faim, et que nous t'avons donné à manger ; ou avoir soif, et que nous t'avons donné à boire ; et quand est-ce que nous t'avons vu étranger, et que nous t'avons recueilli ; ou nu, et que nous t'avons vêtu ; ou malade, ou en prison, et que nous sommes venus te voir ?

Et le Roi répondant, leur dira : Je vous dis en vérité qu'en tant que vous avez fait ces choses à l'un de ces plus petits de mes frères, vous me les avez faites à moi-même (1).

L'esprit du Maître fut celui des disciples. Le précepte de la charité occupe dans l'enseignement des Apôtres la même place que dans l'enseignement de Jésus-Christ. Tout le monde sait ce qu'il est dans St. Jean. Mais qu'on sonde seulement cette exhortation de St. Paul :

Je ne veux pas que pour soulager les autres, vous soyez surchargés, mais je veux qu'il y ait de l'égalité. Que votre abondance supplée donc présentement à leur indigence, afin que leur abondance supplée aussi à votre indigence, et qu'ainsi il y ait de l'égalité. Selon qu'il est écrit : Celui qui avait recueilli beaucoup de manne n'en profitait pas davantage, et celui qui en avait recueilli peu, n'en manquait pas (2).

Il faudrait dérouler tout le contenu de l'Evangile, dogmes et préceptes, pour donner une idée tant soit peu exacte de cette vertu céleste, que la vraie foi produit toujours plus pure et plus forte, et qui se fonde sur cette sublime parole : *Dieu est charité,*

____

(1) Math. xxv, 34—40.
(2) ii Cor. viii, 13—15.

et quiconque demeure dans la charité demeure en Dieu, et Dieu demeure en lui (1).

Aux enseignements joignez les faits ; aux préceptes, les exemples. Considérez les premières impressions du christianisme : *La multitude de ceux qui avaient cru n'était qu'un cœur et qu'une âme ; et personne ne disait que ce qu'il possédait fût à lui en particulier ; mais toutes choses étaient communes entr'eux. Il n'y avait p rsonne qui fût dans l'indigence, parce que tous ceux qui possédaient des fonds de terre ou des maisons, les vendaient et en apportaient le prix, et le mettaient aux pieds des Apôtres, et on le distribuait à chacun, selon qu'il en avait besoin* (2). Rien de pareil ne se montre dans les annales humaines. C'était cet esprit nouveau qui se levait sur le monde, et dont les premières manifestations annonçaient déjà tout ce qu'il pouvait et devait produire s'il s'emparait un jour des nations, s'il parvenait à mettre au service et sous la direction de la charité, les ressources, les forces sociales restées si long-temps entre les mains de l'égoïsme.

Cet esprit ne reçut pas dans l'église son libre et plein développement. La vie fut bientôt comprimée par les formes, et la tendance morale par les tendances ascétiques ou dogmatistes. Cependant s'il s'affaiblit et s'altéra, il ne périt point. Long-temps les œuvres chrétiennes arrachèrent aux païens ce cri d'admiration : « Voyez comme ils s'aiment. » Et ces œuvres n'ont jamais cessé entièrement. Le christianisme le plus dégénéré n'a pu perdre conscience de sa haute mission de miséricorde. Toujours il l'a plus ou moins remplie, soit en combattant l'ignorance et la misère par ses institutions, soit en nourrissant au sein des peuples les sentiments et les principes, les idées et les mœurs d'où allait sortir peu à peu un nouvel ordre social.

Il devrait donc, ce semble, y avoir accord entre le socialisme et le christianisme. On s'attendrait à les voir marcher main à main, en s'appuyant l'un sur l'autre, vers leur but commun. Il en sera ainsi tôt ou tard. Mais cela n'est pas maintenant, tant s'en

(1) I Jean IV, 16.
(2) Act. IV, 33, 34, 35, et Act. II, 44—47.

faut. Il y a entr'eux répulsion, plutôt qu'union. Toutes les théories socialistes proprement dites ont rejeté le christianisme ou comme erroné et funeste, ou comme épuisé et dépassé, ou comme surchargé d'additions étrangères qui le dénaturent. Soit par instinct, soit par respect, soit par calcul, presque tous les socialistes font bien profession d'honorer Jésus-Christ; ils se donnent même pour les véritables interprètes de sa parole, pour les véritables continuateurs de son œuvre; mais à la condition de ramener sa pensée à leur pensée propre, ce qui est une autre manière de le renier.

Dans le camp du libéralisme et de l'économisme, il a existé à certaines époques tout autant d'antipathies, d'accusations et de haines. L'attaque des croyances chrétiennes se lia long-temps avec celle des institutions oppressives. Si l'on montre aujourd'hui plus de respect, de faveur, de bon vouloir, on conserve encore bien des défiances secrètes. Malgré la chute des erreurs et des injustices du dix-huitième siècle; malgré la conviction toujours croissante que les principes dont on poursuit l'application sont en définitive des principes chrétiens, on ne s'en tient pas moins sur le qui vive vis-à-vis de l'Eglise.

Les chrétiens de leur côté restent à l'égard du socialisme, sous ses différentes formes, sinon toujours dans une attitude hostile, du moins dans une réserve extrême. Lors même qu'ils sympathisent avec ses vues générales, ils ne se livrent pas ou se livrent peu. Cela est évident.

L'éloignement des socialistes pour le christianisme se comprend, dès qu'on y réfléchit. D'abord la plupart d'entr'eux n'en ont pas fait une étude sérieuse; ils n'en ont examiné attentivement ni les preuves ni les doctrines; ils partagent d'ordinaire les erreurs du siècle à son égard; s'ils ne le confondent pas toujours avec le jésuitisme, ils savent rarement le distinguer de cet ascétisme mystique, dont on a fait par une étrange méprise son expression la plus haute et la plus pure. Ensuite ils se rappellent le rôle qu'ont trop souvent joué les églises dans les grandes luttes d'affranchissement. De plus ils voient les croyants de profession ne suivre fréquemment qu'un Evangile faussé et amorti, s'enfermer dans une religion de formes et de pratiques, étouffer la grande

morale de la charité et de la justice sous la petite morale de la
dévotion, se préoccuper des questions dogmatiques et ecclésiastiques plus que des mœurs et de la vie, se montrer tout aussi
étrangers que les incrédules à l'esprit de renoncement, de dévoûment et de sacrifice, dont la société a impérieusement besoin
pour ne pas périr, et qu'ils l'invitent à venir puiser auprès
d'eux.

En vérité que vouliez-vous que fît le monde? Nous l'avons
appelé à la foi depuis bien des années, au nom des vertus que
l'Evangile inspire; nous lui avons prouvé que par sa puissance
divine l'Evangile était le salut des peuples, comme le salut des
âmes; et quand, sur l'autorité de nos démonstrations, il a
regardé vers nous, qu'a-t-il vu à la place de ces vertus que nous
annoncions et qu'il cherchait?

Ces causes, et bien d'autres, expliquent les préventions, les
défiances, les accusations du socialisme.

L'éloignement des chrétiens s'explique de la même manière.
Sans parler de ces théories qui abattent tout ce que l'Evangile
élève et élèvent tout ce qu'il abat, le socialisme modéré, tel que
nous l'entendons, présente à sa surface même des oppositions
nombreuses et profondes avec le christianisme. Bornons-nous à
en signaler quelques-unes.

Le socialisme ramène sans cesse vers le monde les regards de
l'homme; le christianisme les porte vers le Ciel.

Le socialisme ne parle que de richesses et de félicités terrestres;
le christianisme déplaçant toutes les idées communes de bonheur
et de malheur, met avant tout les biens spirituels; il ne recule
pas devant ce paradoxe des paradoxes : *bien-heureux les affligés
et les pauvres.*

Le socialisme relève surtout les droits; le christianisme les
devoirs.

Le socialisme fait dépendre essentiellement le progrès matériel
et moral d'une nouvelle organisation de la cité et de l'état, ou de
l'industrie et du travail; le christianisme l'attend de la régénération individuelle.

L'un met sa principale confiance dans les moyens externes;
l'autre dans les moyens internes.

L'un veut procéder du dehors au dedans; l'autre opère du dedans au dehors.

Il y a donc là, avec un sentiment et un but communs, une opposition radicale dans les tendances, l'esprit général, le fond réel. Ce sont au fait deux mondes et deux vies. Et l'on conçoit les antipathies et les défiances réciproques.

Mais il n'en reste pas moins que le socialisme poursuit une œuvre chrétienne, ou en d'autres termes la réalisation d'un principe chrétien. Seulement il la poursuit par des expédients extérieurs et superficiels, en conséquence du point de vue restreint qui lui est propre. Se préoccupant uniquement de la destinée terrestre de l'homme, il s'attache de préférence aux éléments *matériels* de l'ordre et du bonheur; tandis que le christianisme faisant prédominer notre destination céleste s'attache essentiellement à l'élément *moral*.

Du reste, les moyens externes et les moyens internes, bien loin de s'exclure, peuvent et doivent se combiner. Unis, leur bienfaisante efficacité se décuple, parce qu'ils se soutiennent et se fécondent mutuellement; isolés, ils restent sinon absolument impuissants les uns et les autres, du moins insuffisants, quoiqu'à différents degrés.

Essayons d'en apprécier la valeur respective, ne fût-ce que pour rendre plus évidente la nécessité de leur fusion.

CHAPITRE III.

Insuffisance des moyens socialistes.

Nous écartons ces doctrines qui s'attaquent aux fondements même de la société : la religion et la morale, la propriété et la famille; ces systèmes qui prétendent asseoir l'harmonie universelle sur l'émancipation des passions, arriver au triomphe du bien par le déchaînement du mal, tirer l'esprit de charité d'un développement illimité de l'amour de soi, et faire rendre à l'égoïsme les fruits du renoncement et du dévoûment; ces théories chimériques dont le caractère commun est l'ignorance de l'homme réel, car elles exigeraient, pour devenir réalisables, que la terre fût peuplée d'anges ou d'automates. Nous ne contestons pas qu'il n'y ait là des intentions droites, des indications utiles, et peut-être un vague pressentiment de l'état nouveau qui se prépare. Le principe d'association en particulier, que tous les socialismes posent à leur base, et dont beaucoup d'économistes et de moralistes avaient signalé la haute valeur, paraît appelé à des applications aussi étendues que fécondes. Mais tout cela, pour dire le moins, est superficiel, incomplet, hasardé, fondé presque uniquement sur les principes inférieurs de notre nature, et par là même plein d'illusions, aussi bien que d'erreurs et de périls. Si jamais l'aveuglement des peuples pouvait les livrer à ces théories aventureuses, elles jetteraient ou dans une anarchie ou dans une servitude sans nom, d'où l'on ne sortirait qu'en rétrogradant de plusieurs siècles.

Arrêtons-nous, conformément à notre plan, aux seules doctrines qui ne requièrent que des modifications à l'ordre établi, ou qui, en demandant un ordre nouveau, respectent ce qu'il y a de plus saint, de plus impérissable dans l'humanité ; et cherchons à nous assurer si les moyens qu'on propose peuvent donner les résultats qu'on en attend.

Ces moyens portent à-la-fois sur les droits et sur les intérêts ; ils se résument en deux mots : organisation régulière de l'état, organisation régulière de l'industrie et du travail.

Sans discuter les innombrables projets qui se produisent de jour en jour, sans examiner ce qu'ils ont chacun de vrai ou de faux, d'applicable ou d'impossible, sans nous prononcer ni pour celui-ci, ni pour celui-là, nous croyons qu'ils sont l'expression d'un besoin réel, d'une nécessité pressante ; et à ce titre ils méritent d'être pris en sérieuse considération.

La réforme des institutions sociales, quand elle répond au progrès des idées et des mœurs, quand elle est d'accord avec l'esprit du temps, a une valeur considérable, que nous voudrions faire ressortir, loin de la nier ou de la rabaisser. A notre avis, bien des gens ne l'apprécient pas assez haut. Outre ses avantages matériels, elle sert même au développement des principes qui l'ont amenée, devenant ainsi en un sens cause de sa cause. Mais elle n'a pas une valeur absolue, comme on semble le croire trop souvent. Les institutions ne sont, à vrai dire, que les rouages du mécanisme social ; selon qu'elles sont bonnes ou mauvaises, elles en favorisent ou contrarient l'action, elles la rendent facile et bienfaisante, ou pénible, inefficace et funeste ; mais le moteur et le régulateur suprêmes, mais la force qui imprime la direction, qui répand la vie, qui donne le bien et le mal dans l'acception la plus élevée de ces mots, est ailleurs ; elle est dans l'esprit qui anime et féconde toutes choses. Les institutions ne valent au fond qu'avec lui et par lui. De là vient que les mêmes constitutions politiques fonctionnent si diffé-remment dans les différents pays, et que, tandis qu'elles donnent chez certains peuples un mouvement normal et prospère, elles ne produisent chez d'autres qu'anarchie, misère et destruction. La société a corps et âme comme l'homme. Qu'est le corps le mieux constitué qu'une masse inerte, avec une âme sans énergie ; ou qu'un instrument de désordre, avec une âme livrée sans contrôle à ses passions et à ses hallucinations ?

On nous dira peut-être que le socialisme, tel que nous l'en-tendons, reconnaît cela, qu'il veut la religion comme base de la moralité, qu'il l'honore, réclame son appui, lui laisse son rang et son empire. — S'il en est ainsi ; si le socialisme dans ses tendances générales accorde au sentiment religieux son impor-tance et son autorité souveraines, s'il s'en montre profondément pénétré et travaille à s'en pénétrer toujours davantage, s'il s'oc-cupe sérieusement de le ranimer et de le raffermir au sein des peuples ; si, appuyé sur ce sentiment, il fait marcher de front la réforme interne et externe, il a prévenu nos vœux et nous n'avons qu'à approuver. Mais est-ce là son esprit réel ? En vérité, on voudrait se le persuader, qu'on ne le pourrait. Sans doute le socialisme respecte aujourd'hui la religion ; il sent qu'elle est encore une puissance, et il l'associe volontiers à son œuvre, pourvu qu'elle reste souple et docile. C'est, à ses yeux, un auxiliaire qu'il faut ménager pour ne pas s'en faire un ennemi. Qu'elle soit un sentiment, un instinct, une des données indes-tructibles de la conscience, ou une simple tradition et un préjugé, peu importe, elle existe, et il vaut mieux l'avoir pour soi que contre soi. Inutile de dire que nous parlons, non des hommes et de leurs actes personnels, mais des systèmes et de leurs tendances caractéristiques. En quelque honneur que le socialisme tienne les croyances religieuses, quelque utiles ou nécessaires qu'il les juge, il les relègue sur l'arrière-plan. Il ne voit pas, ou ne voit que confusément ce qu'elles sont à l'ordre et au bien public, parce qu'il n'a pas expérimenté ce qu'elles sont à la vie individuelle. S'il désire que les peuples croient, il croit très-peu lui-même. En dernière analyse, c'est de ses combinaisons politiques ou économiques, c'est de ses plans d'organisation qu'il fait à peu près tout dépendre.

Nous ne prétendons certes pas qu'on doive décréter la religion. Elle n'est puissante ou, pour mieux dire, elle n'est réelle, qu'à la condition d'être libre. C'est un point convenu, grâces à Dieu, et l'on verra jusqu'où va notre pensée à cet égard. — Nous ne touchons pas non plus aux rapports de l'Eglise et de l'Etat; c'est une question à part et complétement en dehors de notre étude actuelle. — Nous voulons uniquement constater la valeur respective que le socialisme attribue à l'élément organique et à l'élément spirituel ou moral. Et nous notons que le premier le préoccupe seul ou à peu près : en fin de compte il ne prend guère souci que des moyens extérieurs de perfectionnement ; quant aux autres, s'il y pense, il espère les avoir toujours à sa disposition et les rendre efficaces par ceux-là. Voilà le seul fait que nous ayons en vue de relever pour le moment

Or, il est grave.

Supposez que les plans les mieux conçus d'organisation politique et économique se réalisent pleinement ; supposez qu'on réussisse à fonder des institutions législatives, administratives, industrielles, acceptées de tous et sauvegardant tous les intérêts et tous les droits : aurait-on ce qu'on s'en promet? Aurait-on ce progrès régulier de l'ordre et du bien-être auquel on aspire? Aurait-on ce bonheur que cherchent les peuples, et que tous les grands changements semblent apporter avec eux?

Non, répondrons-nous sans hésiter.

Le bonheur social n'est que la résultante du bonheur individuel ;

et le bonheur de l'homme est complexe comme l'homme lui-même. Il exige la satisfaction des hautes et mystérieuses tendances de notre âme, autant au moins que de nos tendances inférieures. Il ne tient pas uniquement, non plus que le malheur, à la possession ou à la privation des biens matériels. Il se rattache en mille cas à des causes d'un autre ordre. Comme nous appartenons à deux mondes par notre double nature, nous avons, pour ainsi parler, deux existences qui doivent se coordonner, s'équilibrer, se compléter, si nous voulons avoir le contentement intérieur, et l'avoir réel, pur et durable. Sans cela un vide, un malaise indéfinissable tourmentent les situations les plus prospères. N'a-t-on pas vu dans tous les temps, ne voit-on pas tous les jours le riche, le puissant, *l'heureux du siècle*, plier sous le poids d'une indicible souffrance, au sein de leurs apparentes félicités ; et le pauvre, le malade, le martyr, goûter une joie profonde, en se réfugiant dans cette vie supérieure où ils semblent échapper aux atteintes de celle-ci ? Illusions, dira-t-on.— Illusions, soit ; on peut faire des mots tout ce qu'on veut. Mais illusions qui sortent du fond le plus intime de notre être, dont l'humanité n'a jamais pu se défaire, et que sont forcés de subir ceux-là même qui se vantent de les avoir chassées comme de vaines ombres ; illusions que la conscience et l'histoire, la voix du dehors et celle du dedans proclament les seules vraies réalités, et avec lesquelles les fils de l'homme auront toujours à compter quoi qu'ils fassent. Non, *l'homme ne vit pas de pain seulement.*

Mais descendons, puisqu'on le demande, de ces régions élevées, pour nous placer et nous tenir dans la sphère où le siècle s'enferme de plus en plus (1). Prêtons-nous aux abstrac-

---

(1) Le socialisme ne doit rien au mysticisme extatique. Des deux moitiés de notre nature ils en retranchent chacun une. Seulement opérant en sens inverse, ce que l'un laisse est précisément ce que l'autre prend. Celui-ci fait aussi bon marché de la vie spirituelle que celui-là de la vie matérielle. Mais nier ou méconnaître, n'est pas anéantir. La partie de nous-mêmes destituée par la théorie n'abdique point pour cela.

tions du positivisme. Quel que soit le perfectionnement des institutions, il restera toujours des souffrances ; je parle de souffrances physiques. Changerez-vous la constitution de l'homme et celle du monde ? Enchaînerez-vous la passion et la douleur ? Enchaînerez-vous ces forces de la nature qui peuvent tout bouleverser, tout stériliser en un instant ? Et quels adoucissements apporterez-vous aux grandes épreuves des peuples ; qu'aurez-vous pour eux dans les jours de la calamité ; comment leur inspirerez-vous la résignation, la constance, l'énergie intérieure, seules capables de la leur faire traverser avec calme ? Vous reconnaîtrez alors que les perspectives d'un monde supérieur, et les espérances infinies qu'elles ouvrent, sont plus nécessaires qu'on ne le croirait à première vue, au repos et au bonheur d'ici-bas. Elles intéressent la haute politique, aussi bien que la science et la foi.

Reléguerait-on encore cela dans le chapitre des fatalités qu'on ne peut prévenir ou dans celui des éventualités qu'on ne saurait prévoir, et dont, en conséquence, on ne s'occupe point ; se retranche-t-on dans le domaine où règnent souverainement les calculs de l'intelligence et de la sagesse humaines, entrons-y, en faisant remarquer toutefois que ce domaine est infiniment plus restreint qu'on ne veut le croire et le dire ; ne regardons pas même, j'y consens, à ces points si importants et si nombreux du problème de notre existence qu'on ne décide ni n'annule en les tenant pour non avenus, car une prétérition n'est pas une solution. Restons dans le cercle des intérêts et des droits sociaux, unique objet du programme de notre époque ; et pour faire les concessions les plus larges, supposons que tout y est régi par la raison, appuyée sur la justice et la bienveillance. Hé bien ! là encore on verra surgir des besoins devant lesquels tous les calculs de la science, tous les expédients politiques et économiques seront impuissants. C'est que l'ordre social ne peut se suffire à lui-même ; il lui est nécessaire pour se maintenir d'avoir dans l'ordre moral son point d'appui constant ; les droits et les intérêts ne se développent paisiblement que sous la garde et la direction suprême des devoirs. Les faits ne reflètent qu'imparfaitement les principes ; le réel ne correspond jamais à l'idéal. En présence du dogme de

l'égalité, par exemple, vous aurez des inégalités infinies, inégalités fatales que les nivellements artificiels ne feraient que
déplacer, parce qu'elles naissent de la nature même des choses.
Plutôt que de les détruire, vous détruiriez la société. Vous pouvez
les arrêter dans certaines bornes par les institutions, par les lois,
par les mœurs; vous pouvez les adoucir, vous le devez, mais
vous ne sauriez les effacer entièrement. Toujours le trésor social
se répartira dans des proportions diverses; toujours des différences où rien n'empêchera de voir des faveurs et des injustices;
toujours des conditions et des fonctions subalternes à côté de
conditions et de fonctions plus élevées. Il existe là une nécessité inévitable, à laquelle sont contraintes de se plier bon gré
mal gré les utopies mêmes qui n'ont d'autre but que de s'y
soustraire. En face de cet élément constitutif de la vie sociale,
posez le droit seul, le droit qui n'accorde que ce qu'il possède,
le droit si susceptible, si prompt à s'alarmer et à s'armer. Que
fera-t-il?.... Et que pourra pour le satisfaire la législation la
plus philantropique, l'administration la plus habile et la plus
dévouée? Les exigences s'élèveront rapidement jusqu'au delà
du possible. Elles se ligueront d'ailleurs les unes contre les
autres; celles de droite soulèveront celles de gauche en les me-
naçant. Qui ne sent qu'il faut qu'une puissance supérieure,
venant ici au secours de l'impuissance humaine, consacre et
légitime ces inégalités invincibles, sous peine de voir perpétuer
sans fin les tourmentes et les inquiétudes? Qui ne sent qu'il faut
que le renoncement volontaire, la douce résignation, le libre
consentement, descendent au sein des masses d'une autre source
que le calcul des droits et des intérêts?

Prenez le point le plus vif aujourd'hui de la question sociale :
le rapport du travail et du capital. On a bien vite reconnu, dès
qu'on y a porté la main, que ce point touchait à tout. Il s'y
est révélé des difficultés, des impossibilités, des périls, devant
lesquels ont reculé les amis des ouvriers et les ouvriers eux-
mêmes. Sans doute il y a là pour la législation une œuvre de
bienveillance et d'équité qu'elle a négligée trop long-temps; il y a
des abus à réprimer et à prévenir; il y a à protéger les travailleurs et contre les entreprises coupables de l'égoïsme, et contre

les tendances naturelles de l'industrie ; il y a à leur assurer une plus juste part dans les fruits de leurs sueurs, à alléger pour eux les charges publiques et à étendre leurs avantages, je dirais leurs privilèges, si ce mot pouvait être ici exact. Mais, dès qu'on passe du terrain de l'utopie, dans celui de la réalité, dès qu'on place la nécessité qui tient compte des faits, à côté de la théorie ou de la prévention toute préoccupée de l'idéal, il se trouve que ce que peut faire la loi est, en dernière analyse, fort peu de chose, et que le sort des classes ouvrières reste finalement entre leurs mains, avec le développement calme et prospère de la société.

Si elles s'exagèrent leurs droits et en poursuivent la réalisation jusqu'à compromettre ceux d'autrui, en d'autres termes, si elles ne les inclinent pas devant la loi, si elles ne les tiennent pas soumis au devoir, elles ébranlent l'ordre, elles paralysent l'industrie, et en mettant en question les bases de la confiance, de l'activité, de la richesse publique, elles tarissent du même coup les sources de leur propre bien-être.

Si elles s'abandonnent elles-mêmes, si elles perdent les vertus de leur état, les habitudes laborieuses, les mœurs sévères, les principes d'ordre, d'économie, de tempérance, elles tombent fatalement dans une misère croissante, à laquelle tous les secours, toutes les interventions du dehors ne sauraient remédier. Le milliard du budget s'y fondrait, et s'y fondrait inutilement. On aurait beau déplacer les fortunes, renverser les conditions, il n'en résulterait que des pauvres de plus, suivant une expression devenue vulgaire, tant elle est évidente.

Voilà les faits ; et voilà aussi les périls cachés au fond de la situation actuelle. Il n'est plus permis de les méconnaître, ni de prétendre les conjurer par des paroles creuses, des théories fantastiques, des espérances jetées en l'air. La sagesse veut qu'on les envisage tels qu'ils sont, sans les outrer ni les amoindrir.

Hé bien, en dehors de la moralité religieuse, qu'avez-vous pour y parer ?

Vous avez deux choses : la raison qui, liant les intérêts particuliers à l'intérêt général, inspire des vertus de commande, des renoncements et des sacrifices de calcul ; l'habitude qui attache l'homme à sa position et la lui rend douce et bonne, pour peu qu'il ait l'espoir de l'améliorer.

Je suis loin de nier la puissance de ces ressorts sociaux. Celle du second est incalculable aux époques qu'on a nommées organiques, mais elle s'affaiblit extrèmement aux époques critiques, telles que la nôtre. Chacun compare alors ce qu'il est avec ce qu'il pourrait ou devrait être; tous veulent monter; les masses s'agitent sous la pression d'un mécontentement secret, d'un vague désir de changement. Il ne reste guère, abstraction faite des croyances et des dispositions religieuses, que le premier mobile, j'entends l'intérêt composé du bien-être individuel et du bien-être général. Mais cet intérêt, quoique certain, est loin d'être évident dans tous les cas. La raison ne l'aperçoit pas toujours, la passion le conteste et le nie, et l'on sait que l'homme est ainsi fait qu'il sacrifie d'ordinaire à un avantage immédiat et positif un autre avantage plus grand, mais éloigné et plus ou moins douteux. Or, que sortira-t-il de ce mobile du calcul personnel, s'il domine une fois jusqu'à agir seul et sans frein?

Plus on creuse les derniers fondements de l'édifice social, plus on sent à ces profondeurs l'importance de la foi religieuse, que constate si formellement l'histoire et dont la sagesse vulgaire tient si peu de compte aujourd'hui.

On dit, il est vrai, que tout est solidaire dans l'humanité, la souffrance et le bien-être, comme le vice et la vertu; que tous les intérêts s'y touchent, comme toutes les classes et tous les peuples; qu'un lien invisible unit chacun à tous et tous à chacun; qu'il existe une réciprocité universelle de peines et de jouissances, à laquelle nul n'échappe en réalité, et qui impose à toute personne, quelle que soit sa condition, la nécessité de se consacrer au bonheur général, en vue même de son bonheur propre. Je n'ai garde de révoquer en doute cette mystérieuse loi. Mais est-elle ce qu'on la fait souvent? Et peut-on en attendre une influence positive sur les masses, à moins qu'on ne les accoutume, je ne sais trop comment, à marcher par la foi? Oserait-on même l'invoquer auprès d'elles? Quelqu'un aurait-il le courage de dire au pauvre, par exemple, qu'il a tort de se plaindre de son dénûment, parce que le riche en souffre avec lui et à cause de lui?

Il y a là sans doute un fond de vérité ; mais si vous le séparez des croyances religieuses qui l'éclairent et le complètent, il semble n'y rester la plupart du temps qu'une amère dérision.

Je n'ignore pas qu'il existe des instincts de générosité, des sentiments de dignité et de justice, qui dans les grandes circonstances peuvent enchaîner les penchants égoïstes et produire de grands actes de désintéressement et de dévoûment. Nous en avons vu d'assez éclatants exemples, pour être tenus de les prendre en considération. Mais je n'ignore pas non plus que ce sont là des moments exceptionnels dans la vie des peuples. La moindre connaissance de l'histoire et de la nature humaine le démontre surabondamment à qui veut ne pas se faire illusion. Il en est des nations comme des agglomérations dont elles se composent ; il en est de ces mouvements de patriotisme comme des mouvements de commisération. Qu'un malheur extraordinaire frappe l'une des familles du hameau, elle devient l'objet d'un intérêt extrême ; aussi longtemps que dure l'émotion générale, les attentions, les soins, les sacrifices se multiplient en sa faveur ; la personnalité semble avoir cédé la place à la bienveillance la plus pure. Mais si l'infortune et la souffrance se prolongent, les dévoûments de l'instinct cessent peu à peu, il ne reste bientôt que ceux du devoir.

Honorons ces glorieuses manifestations de la conscience publique, mais n'en attendons pas ce qu'elles ne sauraient donner. Ne jugeons ni les peuples ni les individus sur leurs grands jours. L'élan fut beau aussi en 1830 ; il le fut surtout en 89 : et pourtant comment a-t-il fini dans les deux cas ? L'élévation de sentiments, née de causes extérieures, passe avec ces causes. Elle ne se maintient qu'à la condition de s'appuyer sur des bases plus fermes. Les instincts du bien sont fugitifs, à moins qu'ils ne s'abritent derrière les principes ; si les principes leur manquent, ils cèdent promptement aux penchants et aux calculs. Les inspirations de la conscience ont besoin de s'affermir sans cesse au contact des saines doctrines, des fortes convictions ; et c'est sur les inspirations de la conscience, non sur les entraînements de l'opinion, que se fonde le règne de la justice, comme c'est sur la justice que se fonde la prospérité et la grandeur des peuples.

A mesure qu'elle a sondé davantage la constitution de la société, à mesure qu'elle en a mieux compris le mécanisme, mieux aperçu les ressorts secrets, l'économie politique, malgré ses préventions premières, s'est de plus en plus convaincue que l'ordre matériel lui-même repose sur l'ordre moral. Relativement aux classes inférieures en particulier, son dernier mot a été celui-ci : point d'amélioration du bien-être pour elles sans amélioration préalable de leur moralité. C'est aujourd'hui un axiôme fondé sur la double autorité de l'expérience et de la science.

Et ce qui relève encore l'importance suprême des mœurs, c'est le triomphe de jour en jour plus complet et plus universel des idées de liberté et d'égalité. La force extérieure, gardienne de la justice et de la sécurité publique, ne doit, ne peut se retirer que devant la force morale, qui la rend inutile en la remplaçant. Autrement on ne fait que substituer le désordre à l'ordre, et se précipiter par l'anarchie dans la servitude; car ce que la société réclame par dessus tout le reste, c'est la sécurité. Elle lui sacrifiera la liberté et l'égalité elles-mêmes, si elle ne peut l'avoir qu'à ce prix. Elle l'a toujours fait; elle le fera toujours, parce qu'avant tout elle veut vivre.

Le développement historique de l'humanité présente trois âges, trois états successifs, bien distincts dans leurs caractères généraux. Le premier est le règne de la personnalité et de la force; le second, celui de la justice et de la loi; le troisième celui de la bienveillance et de la vraie liberté.

Le premier de ces états peut se subdiviser en deux périodes. Dans l'une, les forces individuelles, irrégulières et indépendantes, s'agitent par un mouvement désordonné; il n'y a ni autorité tutélaire, ni ordre public : dans l'autre, une force publique domine plus ou moins les forces individuelles, et les comprime plutôt qu'elle ne les règle encore; elle est arbitraire, par cela même oppressive et capricieuse; elle assure cependant aux faibles quelques garanties, elle donne quelque sécurité, et la vie sociale se consolide et se développe.

Dans le second état, le pouvoir en s'affermissant se régularise et se limite, il reçoit des contre-poids salutaires, il marche escorté de la justice, il combine de plus en plus les différents éléments sociaux, les intérêts et les droits divers ; il compte toujours davantage avec les opinions et les mœurs ; il tend à devenir le simple ministre de la loi ; la paix intérieure, la confiance, la liberté s'accroissent continuellement, et avec elles la prospérité matérielle des peuples, le capital et l'industrie.

Dans le troisième état, qui n'est guère encore qu'un idéal, l'autorité transformée se montre plus bienveillante et plus douce, parce qu'elle a moins besoin de contrainte et de sévérité ; l'appareil de la force se voile devant l'empire de la loi. C'est plus que l'égalité, plus que la justice, plus que la tranquillité, la liberté et l'ordre ; c'est une confraternité profonde, où chacun fait du bonheur de tous une partie essentielle du sien, et respecte par conséquent tous les droits et tous les intérêts. Delà un accroissement général de calme, de bien-être, qui tient moins encore, on le voit, au progrès des institutions qu'au progrès des mœurs.

Ces trois états correspondent à trois dispositions du cœur humain, qui ne périssent jamais, mais qui peuvent se subordonner différemment l'une à l'autre, savoir la personnalité, la justice et la bienveillance. Leur prédominance respective donne dans la vie privée les caractères individuels, elle fait l'homme égoïste, l'homme probe, l'homme généreux et dévoué ; dans la vie publique, elle produit le caractère national et les états successifs des peuples.

Le troisième état n'est que le corollaire ou le complément du second. Il n'est, à vrai dire, que le second arrivé à la conscience de lui-même, donnant les fruits de vie qu'il portait en germe, et remplaçant peu à peu la puissance matérielle par la puissance morale, la première cessant d'être légitime en cessant d'être nécessaire. A mesure que le règne de Dieu se forme, le règne de l'homme sur l'homme décline.

Mais que ce troisième état s'impose violemment, au lieu de sortir graduellement du second par le développement naturel des idées et des choses ; qu'il s'établisse dans les institutions avant de s'être établi dans les mœurs ; qu'il prenne possession d'un peuple comme une doctrine politique, économique ou philosophique, plutôt que comme une vie ; que les droits dont il est la pleine réalisation, soient proclamés en dehors des devoirs où ils ont leur base et leur règle ; que la liberté détrône le pouvoir et saisisse l'empire , sans la haute moralité qu'elle suppose , on n'aura fait qu'organiser le mal en croyant organiser le bien : tout sera compromis. Ce troisième état, inauguré avant le temps et contre l'ordre normal, pourra faire rétrograder jusqu'au premier, et stériliser le travail des siècles. Pour avoir voulu un progrès trop hâtif, pour avoir avancé l'heure de Dieu, la civilisation ramènerait à la barbarie, en se retournant sur elle-même. Si vous désarmez les pouvoirs publics avant que l'autorité de la conscience garantisse celle de la loi, il est facile de prévoir quelles en seront les suites. Les intérêts et les partis qu'ils groupent, n'étant plus contenus, entreront en lutte sous le faux nom des droits. La fraternité se montrera toujours prête à faire le coup de fusil ; la liberté et l'égalité ne seront autre chose que le déplacemeut du despotisme. Les révolutions deviendront dans les temps modernes ce qu'étaient les invasions dans les anciens temps. Les diverses classes de la société se trouveront vis-à-vis les unes des autres, comme étaient autrefois les nations rivales. Il vaudrait la peine d'étudier à ce point de vue, un peu plus qu'on ne le fait, l'histoire des peuples, par exemple, celle des républiques grecques ou de la république romaine, lorsque l'esprit public s'y fût éteint ; celle des républiques italiennes du moyen-âge ou des républiques actuelles de l'Amérique du sud. Faites abstraction des principes supérieurs de justice, d'équité, de bienveillance ; livrez les hommes à leur égoïsme naturel ; et quelles que soient les institutions que vous donniez à la société, la guerre, la guerre intestine, à défaut de la guerre étrangère, sera son partage. Il n'en peut être autrement, quand on déchaîne les passions en enchaînant le pouvoir. On a beau les caresser pour les lier au bien par la gloire ; après un effort elles retombent sur elles-mêmes et rentrent dans leur pente. Hobbes a raison ; sa politique sort logiquement de sa métaphysique. Mais de son éthique matérialiste ou égoïste, ce qui est tout un, et de l'état de guerre qui en est la suite, Hobbes, conséquent jusqu'au bout, tire la nécessité et la légitimité du despotisme.

Le règne de la liberté n'est que le règne de la loi ; et le règne de la loi n'est que le règne de la morale, loi naturelle et universelle qui attache et soumet les volontés à la loi civile ; et la morale elle-même n'est forte, que lorsqu'elle a dans le Ciel sa base et sa sanction, sa racine et sa vie.

On nous accordera probablement ces assertions, moins la dernière peut-être. Bien des gens s'étonneront même de nous voir tant insister sur la nécessité des mœurs. Qui songe à la contester, nous diront-ils ? C'est chose évidente et reconnue. Mais pourquoi aller chercher si haut et si loin ce que nous trouvons près de nous et en nous ? Faites descendre la morale du Ciel si vous pouvez ; nous ne nous y opposons nullement : peu importe d'où elle vienne, pourvu qu'elle soit pure et puissante. Quant à nous, nous lui connaissons des sources plus prochaines, plus faciles, plus sûres, des sources où nous pouvons puiser autant que nous voulons et quand nous voulons, parce qu'elles sont davantage à notre portée. Les sentiments naturels de justice et de bienveillance, les instincts élevés, les principes moraux que porte en elle la conscience humaine, ces germes de délicatesse, de pureté, de générosité, nous en confierons la culture à l'opinion, à l'honneur, à l'intérêt bien entendu, à la législation, à l'éducation publique ; nous les placerons sous l'empire des droits qui les éveillent et les fécondent ; nous les développerons par une organisation sociale conçue de telle sorte qu'elle tue les vices et vivifie toutes les vertus.

De ces moyens de moralisation, indépendants des croyances religieuses, les premiers, qui ont eu chacun leur moment de vogue, ont été discutés suffisamment, et peuvent être considérés, je crois, comme jugés. Les deux derniers, plus préconisés aujourd'hui, exigent seuls que nous en disions quelques mots.

Nous avons souvent touché à celui qu'on fait valoir de préférence en ce moment, et qui rattache la moralité des peuples, de même que leur bien-être, à de simples combinaisons sociales. Lisez les livres où l'on décrit cet ordre nouveau. Les vertus naissent d'elles-mêmes des institutions, comme les fleurs et les fruits d'une terre bien préparée ; elles se produisent constamment dans la proportion la plus exacte et la plus utile ; jamais elles ne restent en deçà de leurs limites régulières, jamais elles ne vont au-delà ; les passions, loin de leur faire obstacle, ne sont que des forces soumises dont elles disposent à leur gré, de la même manière que l'industrie s'empare et se sert des puissances physiques: tout est ordre, harmonie, paix et félicité dans les âmes, et par suite dans la famille et dans l'état, dans les champs et dans les ateliers. Mais hélas! tout cela n'existe que dans les livres, tout cela disparaît comme un rêve quand on passe du roman à l'histoire. On a déjà tenté bien des essais; qu'ont-ils produit? Qu'on les renouvelle encore, qu'on les renouvelle sous toutes les formes, jusqu'à ce qu'on puisse tenir l'expérience pour bien et dûment faite, on verra ce qu'ils produiront. Je ne dis pas qu'il n'en puisse sortir quelques données utiles à la question de l'organisation du travail, cette question si grave, et encore si peu éclaircie et si mal définie. Mais quant à la moralisation proprement dite, on n'en saurait recueillir que des mécomptes. On ne change pas l'homme en l'imaginant tout autre qu'il n'est. Mettre la passion du côté de la vertu, convertir en instruments du bien les stimulants du mal, faire des intérêts et des penchants les fidèles alliés, les serviteurs dociles du devoir, ce serait certes la plus magnifique découverte de notre temps, si ce n'était pas une illusion manifeste. En fait, les termes du problème devraient être renversés. Sans contester les avantages de l'association libre et solidaire, sans discuter les diverses formes sous lesquelles on propose de la constituer, il est clair, pour qui veut y réfléchir impartialement, qu'elle n'est elle-même possible qu'à la condition d'un large et profond développement des plus hautes vertus. Ces vertus dont on fait le complément de l'édifice, ou qu'on espère trouver dans l'intérieur, doivent en être le fondement. Sans cela il croulera incessamment sur lui-même. L'harmonie supposée entre la force passionnelle et la force morale, a été brisée au dedans de nous; c'est donc là qu'il faut d'abord la rétablir. Jamais on n'y parviendra par le seul changement des circonstances extérieures; le désordre n'est-il pas resté essentiellement le même depuis 6000 ans, dans l'infinie variété de situations à travers lesquelles l'homme et le monde ont passé? Jamais non plus on ne réussira à satisfaire les passions, ni à les contenir et à les régler, par une sorte de satiété; à mesure qu'elles reçoivent, elles s'étendent en dévorant comme la flamme. La moindre connaissance de la nature humaine, la moindre observation de soi-même, le démontre à qui ne refuse pas d'être convaincu. Cette oméopathie morale n'aboutirait qu'à empirer le mal. On s'étonne de la persistance des négations. Mais les arguments et les faits échouent contre l'engoûment des systèmes. L'évidence de la preuve ne peut rien, ce semble, sur les théories que nous discutons; il ne reste que l'évidence de l'épreuve. Demandons seulement que l'épreuve se fasse sans compromettre l'ordre établi. Il ne faut pas jouer sur de pareilles hypothèses les fondements de la société.

Pour la morale des droits, une simple remarque peut la faire juger. Si les droits sortent des devoirs, les devoirs ne sortent pas de la même manière des droits. Quoique les deux termes soient corrélatifs, ils ne naissent pas également l'un de l'autre. Sans doute, comme les devoirs impliquent les droits et les amènent, les droits impliquent aussi les devoirs et peuvent les amener avec eux, mais ce n'est point par une semblable nécessité. Ils ne conduisent aux devoirs, qu'autant qu'ils se souviennent qu'ils en dérivent. Autrement ils produisent un résultat contraire. On le comprend aisément. Poser les droits, et rien que les droits, en principe, c'est, tout bien compté, ne regarder qu'aux siens propres, ou ne respecter et relever ceux d'autrui qu'en vue des siens; c'est nourrir la personnalité; c'est par cela même anéantir ou dénaturer les devoirs, puisque le devoir consiste essentiellement dans le renoncement et le sacrifice; bien plus, par une conséquence lointaine et peu aperçue, mais inévitable, c'est renverser les droits eux-mêmes, car les droits émanant des devoirs, ils ne se maintiennent qu'avec et par les devoirs; ils périssent dès qu'ils s'isolent. La morale des droits n'étant finalement que la morale des intérêts, c'est-à-dire, la destruction de la moralité véritable, elle ruine tout ce que la moralité peut seule garder, les droits aussi bien que les devoirs.

La préoccupation excessive des droits, nourrissant les prétentions exagérées, engendre d'une part le mécontentement, et sème de l'autre la défiance et l'inquiétude. Elle peut être bonne à abattre et à déblayer; elle ne saurait édifier. Les devoirs seuls fondent et maintiennent.

Sous la domination exclusive des droits, vous avez le torrent qui renverse et entraîne; sous l'empire des devoirs, vous avez le fleuve qui arrose et fertilise.

Avec les droits, vous coupez les jets du mal; avec les devoirs, vous en coupez les racines.

Qu'on y prenne donc garde; et qu'en relevant les droits, on les appuie toujours sur les devoirs. Là est tout à la fois leur base et leur limite, leur garantie et leur règle.

Le bon sens populaire ne s'y est point trompé. En proclamant la liberté et l'égalité, il y a joint la fraternité comme leur principe, leur couronnement et leur sauvegarde. La liberté et l'égalité sont des droits, elles appartiennent à l'ordre naturel; la fraternité est un devoir, elle appartient en entier à l'ordre moral. Expression de cet esprit qui a enfanté le monde moderne, elle est la mère et la gardienne de la vraie liberté, elle peut seule la maintenir pure, et la rendre fructueuse : réunissant en elle les sentiments les plus élevés de la justice et de la bienveillance, elle porte à s'inquiéter des intérêts d'autrui autant que des siens, elle apprend à se dévouer au bien et à ne jamais consentir au mal. Ainsi unis aux devoirs, les droits peuvent s'épancher sans obstacle et sans péril; alors on a la liberté dans l'ordre et l'ordre dans la liberté; alors le progrès devient régulier et fécond, parce que la loi morale, planant au-dessus du mouvement social, l'anime et le maîtrise tout ensemble.

Mais ce n'est pas le mot de fraternité qu'il faut, c'est la chose. Ce mot, comme ceux de liberté et d'égalité, comme ceux de religion et de vertu, comme tous ceux qui désignent ce qu'il y a de plus saint sur la terre, peut descendre jusqu'à n'être qu'une expression et une arme de parti; il peut devenir le mot d'ordre des passions farouches, le schibolet d'une sorte de sauvagerie. On ne l'a que trop vu en 93; et il importe de s'en souvenir aujourd'hui.

Remarquez que les trois termes de la devise nationale apparaissent ensemble dans les moments d'enthousiasme et de création, où l'éclair de la conscience manifeste l'union organique des droits et des devoirs, mais qu'ils se retirent ensuite l'un après l'autre, ou ne restent guère que pour mémoire, quand les droits victorieux croient leur empire établi ; ils sont alors délaissés peu à peu, sinon proscrits ; à peine les entend-on prononcer çà et là. Celui des trois qui s'en va d'ordinaire le premier, est celui de fraternité. C'est qu'il est le principe radical et générateur, et qu'une fois arraché de la vie publique, tout le reste tombe nécessairement avec lui. Autant l'enthousiasme de la lutte et de la victoire appelle son intervention, autant l'égoïsme de la conquête la redoute. La marche des révolutions antérieures renferme de graves instructions sous ce rapport. Et ne nous y trompons pas, le résultat sera le même dans toutes les révolutions, qu'elles soient politiques ou sociales ; le cycle fatal se reproduira sous l'empire de toutes les classes, hautes, basses, ou moyennes, aussi long-temps que l'élément fondamental de la fraternité, l'esprit de renoncement et de dévoûment, le principe de justice et de bienveillance, n'aura pas pris possession des peuples en prenant possession des cœurs (1).

La vraie question est donc : comment nourrir et développer cet esprit dans la société ? Y réussira-t-on par des remaniements extérieurs, par de simples réformes politiques ou économiques ? Est-il possible qu'il se forme de lui-même, ou qu'il naisse de ses contraires, ou qu'il s'étende et s'affermisse en dehors des influences supérieures où il a eu sa première origine ? On se flatte de le fixer dans les institutions et dans les lois. Mais c'est toujours cette illusion à mille faces qui fascine notre siècle. La législation humaine ne contrôle que les actes ; les sentiments lui échappent. Comment donnerait-elle l'esprit libre et vivant que nous cherchons ? Elle peut en déterminer et en généraliser les applications, quand il existe ; elle ne saurait l'inspirer, le créer, là où il n'est pas. Il ne vient pas des institutions et des lois ; les lois et les institutions viennent plutôt de lui ; et s'il leur manque, s'il se retire d'elles en se retirant des opinions et des mœurs, elles tombent ou ne demeurent que comme une forme sans vie, comme une lettre morte.

(1) « Lorsque c'est l'égoïsme qui renverse la tyrannie, il ne sait que se partager les dépouilles des tyrans. » Benjamin Constant, *De la religion.*

Encore deux observations fournies par les faits.

Qu'on se rappelle les promesses et les espérances de 89. La rénovation extérieure dépassa tout ce qu'on osait demander et désirer d'abord. Elle fut aussi profonde qu'étendue. Elle inscrivit tous les principes dans la constitution et dans la loi, elle balaya tous les obstacles et rasa jusqu'au sol le vieil édifice. Mais l'âge d'or attendu ne parut point. La réforme morale ne suivit point la réforme sociale ; et par là les résultats les plus positifs de la seconde furent à tel point compromis, qu'on a dû à plusieurs reprises les reconquérir. Ce grand exemple ne montre-t-il pas comme à l'œil que, si le renouvellement des institutions peut à certains égards favoriser celui des mœurs, il ne suffit pas pour le produire ? L'homme s'est toujours figuré qu'en changeant de situation, il changerait de disposition ; et toujours l'expérience a démontré l'erreur de cette idée, quand d'autres causes ne sont point intervenues ; et c'est tout simple, puisque les sources de la vie morale, les racines du vice et de la vertu se trouvent à des profondeurs que les circonstances extérieures effleurent à peine. Quel que soit le *milieu* où nous entrions, nous y portons notre cœur avec nous, et il y verse d'une ou d'autre manière le bien ou le mal qu'il renferme. Or, ce qui est vrai à cet égard de la vie individuelle, l'est également de la vie publique, qui n'est que la collection des vies individuelles.

Il y a plus. La culture intellectuelle elle-même ne garantit pas la transformation morale ; elle peut la préparer, la faciliter, mais elle ne saurait la produire à elle seule. C'est encore une des grandes expériences de notre âge, dont on a peine à prendre son parti. On avait cru pendant long-temps que le moyen certain d'épurer et d'élever la moralité générale était de répandre l'instruction. Semez les lumières, disait-on, et vous recueillerez les vertus ; extirpez l'ignorance et l'erreur, et vous extirperez les vices. On s'est mis à l'œuvre avec une pleine foi : mais loin de répondre aux prévisions, les faits n'ont pas tardé à les démentir. Cependant ce moyen est cent fois plus immédiat et par conséquent plus efficace que tous les procédés purement politiques ou économiques ; il existe entre les facultés intellectuelles et les facultés morales un rapport tout autrement direct, intime, profond, qu'avec le bien-être matériel, qu'avec la constitution sociale. D'où la preuve palpable qu'on n'obtiendra rien de réel, qu'en allant droit aux principes moraux eux-mêmes.

Tournez et retournez dans tous les sens les institutions, essayez l'une après l'autre les panacées socialistes ; de ces moyens extérieurs à l'homme vous ne tirerez point la régénération morale dont vous sentez le besoin et que rien ne saurait suppléer, car sans elle tous les progrès politiques, tous les perfectionnements industriels, tous les efforts réunis de la science et de la sagesse, se trouveront impuissants pour assurer le repos et le bonheur des peuples ; sans elle vous n'établirez pas l'équilibre indispensable entre les deux pôles de la vie sociale, l'ordre et la liberté ; toujours l'un repoussera l'autre. Vous pouvez même compromettre sérieusement cette grande réforme, à laquelle le succès des autres est suspendu, en surexcitant des penchants qu'elle doit maîtriser, tels que le goût des jouissances terrestres, l'ardeur d'une indépendance effrénée, toutes ces tendances matérialistes qui lient à ce lieu d'exil la créature immortelle, et mettent de plus en plus les droits et les intérêts à la place des principes et des devoirs. Cette recherche exclusive du bien-être à laquelle l'homme est si enclin et qu'exalte encore le socialisme, est peut-être ce qui crée à la moralisation le plus d'empêchements et de périls.

La Providence a indissolublement uni le bonheur à la vertu ; il y a là un ordre divin auquel les peuples ne peuvent pas plus se soustraire que les individus : et pour soumettre l'homme et le monde à l'empire de la loi morale, il faut une autre puissance que celle qu'invoque le socialisme ; il y faut une force qui atteigne jusqu'au cœur où sont les sources de la vie ; il y faut la religion, comme l'ont cru tous les siècles, comme l'attestent de concert la conscience et l'histoire. Quoi qu'on dise et quoi qu'on fasse, c'est là qu'on devra toujours en revenir ; une nécessité invincible y ramènera bon gré, mal gré.

CHAPITRE IV.

Influence sociale du Christianisme.

Si la moralité est la condition indispensable, l'élément fondamental de l'ordre, du calme, du bien-être et du progrès social ; si elle a dans la religion ses racines les plus profondes comme ses sanctions les plus hautes, et qu'on ne puisse l'obtenir pure, forte, efficace, qu'en la rattachant à ce monde supérieur où les destinées de l'homme doivent s'accomplir, l'importance, la nécessité du christianisme, pour le bonheur des nations, est démontrée, car le christianisme est la seule religion possible dans les contrées qu'il a une fois éclairées et régies. Ou le christianisme, ou plus de religion. Tous les cultes qu'on a voulu lui substituer, depuis trois quarts de siècle, sont morts d'eux-mêmes à côté de lui. Et puis il faut aux peuples une religion révélée, qui s'appuie, non sur le seul raisonnement, mais sur la foi, et s'impose au nom du Ciel. Une religion purement rationnelle ne serait qu'une philosophie, et l'on sait assez ce que vivent les philosophies et ce qu'elles peuvent, ce qu'elles durent et ce qu'elles donnent.

Comment oublier d'ailleurs que c'est le christianisme qui a produit la civilisation moderne, que c'est lui qui a jeté, propagé, fécondé sur notre terre les grands principes qui en régissent les parties les plus avancées et qui doivent la régir un jour tout entière ? Enlèverait-on la garde de ces principes régulateurs à la doctrine par laquelle ils ont été enfantés et nourris durant dix-huit siècles ? Les arracher à la mère au sein de laquelle ils ont grandi, pour les confier à une marâtre peut-être inhabile ou malveillante, serait certes une faute ; ce serait aussi un péril. Le dynamisme religieux est quelque chose d'infiniment délicat. Il ne veut être touché que par la main divine qui l'a établi. On peut en paralyser ou en pervertir l'action, en cherchant à le simplifier et à le perfectionner. Ce serait un travail utile que d'étudier à ce point de vue les systèmes qui ont prétendu *épurer* ou *compléter* l'Evangile, depuis le mahométisme jusqu'aux néochristianismes de notre temps ; le ressort moral s'y est toujours relâché ou brisé.

Mais lors-même que, sans s'élever aux principes, on ne ferait que regarder aux faits, il serait impossible encore de méconnaître la solidarité de la foi chrétienne et du mouvement social. La géographie de la civilisation est la géographie du christianisme. Partout où le christianisme pénètre, il porte avec lui la civilisation ; et partout où la civilisation jette ses postes avancés, elle y jette aussi les semences du christianisme. Ce résultat se produit, qu'il ait été voulu ou non, parce qu'il ne se peut, d'un coté, que la civilisation ne laisse paraître de quelque manière ses principes internes, et de l'autre, que le christianisme ne donne plus ou moins ses effets extérieurs. De là vient que même, sans intention directe, les missions chrétiennes sont devenues des foyers de propagande sociale, et les établissements politiques des foyers de propagande chrétienne.

Autant la conquête du monde est assurée à la civilisation européenne, partout prépondérante et envahissante, autant elle l'est à la religion chrétienne. Le christianisme est la religion de l'avenir. *A lui appartient l'assemblée des peuples*, suivant un oracle prononcé près de 3000 ans avant son apparition. Il porte en son sein les destinées terrestres de l'homme, aussi bien que ses destinées célestes. Et cela, il l'a toujours su, toujours cru, toujours annoncé. Lorsqu'il avait pour lui seulement quelques adhérents obscurs, et contre lui toutes les puissances de la terre, à travers le sang des martyrs et la flamme des bûchers, il contemplait, il prophétisait son triomphe final.

Lors donc qu'il s'agit de religion, il est bien entendu que c'est du christianisme. Il doit être bien entendu encore que c'est du christianisme évangélique, et non d'un christianisme philosophique, ou poétique, ou politique, ou théologique, ou ecclésiastique. Ecartons ces christianismes élaborés par l'intelligence humaine dans des buts humains, et tenons-nous au simple christianisme de Jésus-Christ.

La question qui reste est celle-ci : L'appui moral que le monde a trouvé jusqu'ici dans le christianisme, peut-il l'y trouver encore avec le nouveau développement de ses destinées?

Les considérations précédentes répondent déjà. Ces principes dont on poursuit l'application progressive et la pleine réalisation, sont des principes chrétiens; ces droits qui s'imposent de plus en plus, se sont relevés, reconnus, affermis sous les auspices de la foi et de la vie chrétienne. C'est là qu'ils ont pris conscience d'eux-mêmes : c'est en s'appuyant sur l'esprit nouveau, introduit dans l'humanité par le souffle de l'Evangile, qu'ils ont acquis force et empire. Encore une fois, quelle autre doctrine pourrait mieux les sauvegarder et les vivifier que celle dont ils sont sortis? Et s'il était possible qu'elle tombât, ne les entraînerait-elle pas dans sa chute?

Il se présente, à la vérité, un fait fort étrange à première vue, et qu'on nous opposera sans doute. Les principes sociaux, issus de de l'Evangile, ont aujourd'hui pour apôtres les plus dévoués des hommes qui ont plus ou moins rompu avec le christianisme, ou qui y tiennent par une sorte de respect traditionnel, plutôt que par une foi réelle. N'est-on pas autorisé à conclure de là que ces principes, reposant maintenant sur leur évidence et leur force propre, peuvent se soutenir, se déployer par leur seule vertu, et se soustraire sans dangers à la tutelle dont ils avaient eu besoin jusqu'ici?

Nous pourrions répondre que les principes sociaux, malgré leur apparente rupture, tiennent toujours au fond d'idées et de sentiments dont ils dérivent. L'esprit qui les a créés les soutient, même à leur insu, de sa puissance et les alimente de sa vie. Lorsque les eaux du Ciel n'arrosent pas ostensiblement la terre, elles y entretiennent longtemps la fraîcheur et la fertilité ; d'invisibles réservoirs les versent dans les sources et dans les fleuves, des rosées inaperçues les font descendre encore sur le sol. Si elles pouvaient tarir entièrement, tout se flétrirait, tout périrait dans le monde matériel, le travail de l'homme serait frappé d'une stérilité complète. N'est-ce pas l'image de ce qu'est dans le monde moral la présence de l'esprit chrétien, et du vide désastreux qu'y ferait sa retraite?

Mais la meilleure réponse sera l'explication du fait allégué. Il suffira de l'embrasser dans toute son étendue, pour le voir déposer en faveur de l'Evangile.

Le christianisme, nous avons eu occasion de le dire, n'a pas proclamé explicitement les droits ; il les a fait surgir des devoirs. Il ne se préoccupe guère que de ces derniers, parce qu'ils intéressent seuls le salut. S'il relève çà et là les droits, ce sont d'ordinaire les droits religieux ; les droits sociaux restent dans un lointain où les intelligences d'élite elles-mêmes avaient peine à les entrevoir. Le socialisme ou, si l'on veut, l'esprit moderne suit justement une marche inverse ; il ne se préoccupe guère que des droits. Cette opposition s'explique à certains égards par la différence du point de vue politique et du point de vue religieux, mais elle a d'autres causes. Quoi qu'il en soit, le monde a renversé les termes de la synthèse chrétienne ; il a porté sur le premier plan celui des deux qui n'occupait que le second : au fait il n'a même adopté que celui-là.

Le christianisme exerce une double action qu'on ne remarque pas assez. A part son influence directe sur les croyants, il en a une autre indirecte, mais plus profonde et plus étendue qu'on ne la suppose communément, sur les non-croyants eux-mêmes. A côté des doctrines, des dispositions et des œuvres évangéliques proprement dites, il est des sentiments, des convictions, que l'esprit chrétien crée ou ranime en proportion de sa pureté et de sa force, et qu'il répand de toutes parts. Relevant l'homme devant l'homme, il ne permet plus de le traiter ni comme un ver qu'on foule impunément, ni comme un Dieu qu'on adore ; protégeant la conscience publique contre les mauvais penchants et contre les faux raisonnements, plus dangereux encore pour elle, il développe tous les instincts de justice, de délicatesse, de bienveillance ; il sert de stimulant à tout ce qu'il y a de bon et de saint au fond des cœurs, il l'affermit par son autorité, il l'anime de son soufle vivifiant, il le fait grandir sous son ombre tutélaire. Dans les contrées dont elle a pris possession, la foi opère là même où elle n'est point professée, elle atteint de bien des manières jusqu'aux âmes qui la méconnaissent et la repoussent, les limites de son règne ne sont pas celles de son action. De là, la formation graduelle des principes d'où est né le monde moderne, appelé à juste titre le monde chrétien. De là, ces notions toujours plus nettes et plus fermes d'égalité, de liberté (1), de confraternité et et de solidarité. De là, la réforme progressive des coutumes et des institutions, l'abolition de l'esclavage, l'élévation constante des classes inférieures, les garanties réclamées et obtenues pour tous dans l'état, les droits de la femme, des enfants, des serviteurs dans la famille, le droit des gens entre les nations, etc., etc.

L'esprit du christianisme atteint et pénètre tout par la vie nouvelle qu'il produit ; et quand la société vient à faire le compte de ses voies, elle s'étonne d'avoir obéi à tant d'égards et à son insu à cette direction secrète.

Les droits une fois relevés, la raison commune, la conscience générale s'en empare ; elle les place au rang de ses axiômes, elle les jette dans tous les débats théoriques et pratiques ; elle les mêle aux questions d'honneur national, d'ordre et de bien public ; elle en sollicite sans cesse et en conquiert peu à peu l'application. On les voit ainsi passer successivement des croyances dans les mœurs, des mœurs dans l'opinion, de l'opinion dans les lois. C'étaient d'abord des idées paradoxales, des idées dédaignées et souvent persécutées, ce sont à la fin des vérités vulgaires. Devenus dès-lors la charte du socialisme, ces principes peuvent se maintenir, s'imposer en dehors des principes d'un autre ordre où ils ont pris leur origine ; ils peuvent par conséquent être propagés et appliqués par des hommes étrangers à la vie évangélique (1). Mais, d'abord qu'ils se l'avouent ou non, ces hommes n'en font pas moins une œuvre chrétienne, puisque les idées dont ils veulent assurer le triomphe et l'empire

---

(1) « C'est de cette férocité stupide (celle du moyen âge) que sortit l'abolition de l'esclavage domestique qui avait déshonoré les plus beaux jours de la Grèce savante et libre. Ce changement a été le germe d'une révolution dans les destinées de l'espèce humaine ; elle lui doit d'avoir connu la véritable liberté. » Condorcet, *Progrès de l'esprit humain.*

(1) On a demandé, avec une sorte d'étonnement, comment il arrive que le christianisme pénètre plus vite les institutions que les mœurs, quoique ce soit uniquement par les mœurs qu'il atteint les institutions. Ce fait s'explique et l'étonnement cesse, dès qu'on a saisi la différence

sont émanées de l'Evangile, puisque le but qu'ils poursuivent est
un but chrétien ; ensuite leur œuvre n'est possible, que parce qu'ils
l'élèvent sur le sol chrétien ; enfin, elle reste incomplète, incer-
taine, infructueuse en grande partie, par cela même qu'elle n'est
pas fidèle aux données fondamentales du christianisme et à la
marche qu'il avait tracée. Voyez comme elle trompe sans cesse les
efforts et les vœux. Dans la rénovation de toutes les conditions
matérielles de la vie sociale, dans cet immense déploîment de
tous les moyens extérieurs de prospérité, dans ce développement continu des intérêts et des droits, le but n'est point atteint,
le mal résiste, le bien désiré ne se produit pas ; il faut incessamment reprendre la démolition et la reconstruction. Le progrès
est rapide, mais en quelque sorte boiteux. Le mouvement, si
fécond à certains égards, se montre à bien d'autres, et de plus
essentiels, obstinément stérile. L'expérience a été assez souvent
et assez long-temps répétée pour être considérée comme positive.

D'où cela vient-il ?

La séparation ou, si l'on veut, la transposition des droits et
des devoirs est la grande erreur de notre siècle : elle est aussi
la grande cause du malaise interne qui le travaille, et qui
persiste et ne cesse de s'accroître malgré tous les remaniements
de la société, malgré toutes les conquêtes de la liberté, malgré
toutes les découvertes et les merveilles de l'industrie. Creusez
tant soit peu l'état actuel des idées et des choses, à travers et
par delà les préventions du moment, voici la double vérité qui
vous apparaîtra bientôt : ce qui fait la supériorité du monde
moderne est un fruit des principes évangéliques dont il s'est
impreigné ; ce qui fait son inquiétude, ce qui tient sa sécurité
et jusqu'à son existence en péril, c'est qu'il a négligé ou rejeté
d'autres principes évangéliques, antérieurs et supérieurs aux
premiers, et destinés à les équilibrer et à les régler. Le monde

des droits et des devoirs, en même temps que leur rapport. Les droits
constituent en quelque manière les mœurs purement sociales, et les
devoirs les mœurs proprement chrétiennes. Les mœurs chrétiennes sont
donc aux mœurs sociales ce que les devoirs sont aux droits. Les droits
touchant par mille côtés aux intérêts, sont plus facilement et plus
rapidement admis, en dehors de la foi.

a voulu s'approprier les résultats sociaux de la vie chrétienne sans accepter la vie chrétienne elle-même; il a voulu prendre les droits, sans se soumettre aux devoirs, et il se trouve emporté par un mouvement qui n'aboutit point, parce qu'il s'est détaché de sa loi. Là est le mal, et tous les perfectionnements industriels, politiques, économiques, tous les progrès et les prodiges socialistes, ne le guériront pas : essentiellement moral, il échappe à tous les remèdes externes. Il ne cédera que lorsqu'on aura réuni ce qu'on a séparé contre l'ordre divin, lorsque, rapprochant les deux moitiés de l'Evangile, on le laissera agir dans son intégrité.

Il est manifeste en effet que pour affermir et féconder les droits, pour rendre le mouvement social aussi fructueux que paisible, pour faire descendre l'ordre et le bien-être dans toutes les conditions, il suffirait de fonder l'autorité des lois sur celle des mœurs. Qui ne voit que tout changerait rapidement chez un peuple soumis en entier à la morale de l'Evangile, si un tel peuple pouvait exister? Le renouvellement extérieur suivrait le renouvellement intérieur. Avec le règne universel de la justice, de la tempérance, de la charité, tous les désordres cesseraient avec tous les vices; toutes les forces sociales seraient employées à la destruction du mal et à l'avancement du bien; les grandes sources des inquiétudes et des irritations, des misères et des souffrances, seraient bientôt fermées; il y aurait un repos et un bonheur absolument inconnus jusqu'ici.

Donnez-moi des chrétiens parfaits, et je réaliserai vos utopies les plus gigantesques; je les réaliserai sans violence, sans contrainte, sans secousse, par la seule énergie du principe interne qui régira tout, et devant lequel les lois et les institutions se transformeront comme d'elles-mêmes. Il ne restera que les maux irrémédiables, ceux qui sortent fatalement de la constitution de l'homme et de celle de la nature; et ces maux mêmes, adoucis par la résignation et par l'espérance, je les changerai en biens sous la puissance de la foi (1).

Voulez-vous la paix universelle? Vous l'aurez; car d'où vien-

____

(1) Rom. v, 3, 4. Jacq. i, 2.

draient les guerres sous l'empire de la justice qui prévient le mal et de la charité qui le répare? Voulez-vous la chute de toute pénalité infligée par l'homme à l'homme? Ce rêve de l'extrême philanthropie devient une réalité dans l'état chrétien, par le cours naturel des choses, car les peines cessent nécessairement avec les délits. Plus de prisons et d'échaffauds, ni, pour peu que vous le désiriez, de juges et de magistrats : plus de pouvoirs publics. L'autorité de la conscience rendra inutile l'appareil de la justice et de la force; l'ordre et le bien naîtront spontanément de la moralité.

Ce fut le programme des anabaptistes; et dans leur supposition d'une communauté de parfaits, d'une société de saints, ils avaient pleinement raison.

C'est là, si l'on veut, l'utopie chrétienne, que les doctrines chiliastes ont reproduite dans tous les temps sous des formes souvent pleines d'attrait et de grandeur. En faisant abstraction de son point de départ, de son caractère religieux, de ses moyens de réalisation, on lui trouve des analogies frappantes avec les utopies socialistes. Elle est certes aussi rationnelle, aussi logique; elle l'est même bien davantage, car en lui accordant son principe, elle tiendrait ses promesses; tandis qu'en accordant aux utopies socialistes le leur, il est fort à craindre qu'elles ne donnassent des résultats contraires à ceux qu'elles annoncent.

Ce n'en est pas moins une utopie, me direz-vous. Soit. Elle exige en en effet un état moral qu'on ne peut guère espérer ici-bas, quand on s'en tient aux données de l'expérience, et elle l'exige universel. La persistance, même partielle, du vice lie les mains à la vertu; en sa présence la bienveillance la plus expansive est contrainte de s'imposer des limites, elle ne peut prendre tous ses développements ni porter tous ses fruits. Il est des préceptes qui restent impraticables avec une moralité générale peu avancée. C'est un devoir, par exemple, de faire cesser la guerre, ce fléau que l'humanité a déchaîné sur elle-même, et dont elle a plus souffert que de tous les autres fléaux ensemble (1). Mais ce devoir, comment le remplir en face de nations

(1) D'après des calculs tenus pour modérés, la guerre a fait périr

injustes et cupides, et tant que fermenteront au sein des peuples les passions qui leur mettent les armes à la main? C'est un devoir d'abolir le droit que la société s'est attribuée jusqu'à présent de répandre le sang de l'homme dans l'intérêt de sa défense : mais comment laisser tomber la peine de mort aussi long-temps que le niveau des mœurs en fera la seule sauvegarde certaine de l'ordre et de la sécurité publique? On pourra faire des lois, mais la nécessité les enfreindra toujours. Ainsi, dans la vie privée, c'est un devoir de pardonner, de supporter bien des torts plutôt que de recourir aux tribunaux; mais comment rester fidèle à ces hautes obligations de la charité, envers des êtres qui ne respectent pas les obligations les plus vulgaires de la justice?

Le vice est, on le voit, doublement funeste à la société; il l'est immédiatement par le mal qu'il fait et médiatement par le bien qu'il empêche. Sa malédiction principale est de paralyser l'action de la vertu. C'est là un de ses effets les plus terribles et les moins remarqués. On le voit pourtant se manifester de mille manières au moindre examen. Il est aisé de le constater dans la grande question de notre époque. Qu'on la prenne sous sa face politique ou sous sa face économique, par quelque côté qu'on l'aborde et pour peu qu'on la sonde, on arrive de suite à la conviction que le progrès social dépend en dernière analyse du progrès moral. C'est une vérité triviale que des constitutions trop avancées sont un présent funeste aux peuples et qu'elles tombent après avoir été des occasions de désordre et de ruine. L'alliance nécessaire des droits et des devoirs se révèle là bien clairement. De même, pour retirer de la misère les classes qui se débattent dans cet abîme, et pour en éloigner celles qui le cotoient en s'en approchant de plus en plus, il importe par-dessus tout de relever et d'affermir leurs principes moraux. Non que d'autres moyens n'y soient indispensables; qui jamais en a douté? Mais parce que quelque énergiques, quelque bien entendus qu'ils

quatorze milliards d'hommes, c'est-à-dire un nombre correspondant aux habitants de dix-huit mondes, tel que le nôtre. Dyck. *Philosophie de la religion.*

puissent être, n'attaquant pas les premières racines du mal, ils échoueront sans celui-là. Si les mœurs ne soutiennent les institutions, les mesures les plus libérales en faveur des indigents et des travailleurs se trouveront à la longue n'avoir abouti qu'à accroître leur souffrance en accroissant leur nombre. En vain bouleverserait-on la société pour se soustraire à cette loi, elle reparaîtra toujours.

Ce fut certainement une noble et belle décision, à la juger du point de vue de l'époque où elle fut prise, que celle qui, substituant une dotation publique aux aumônes privées, institua la taxe des pauvres en Angleterre, sur cette parole : plus de pauvres dans la grande Bretagne. Or, nul ne l'ignore, cette taxe a donné de tels résultats que la philanthropie et la politique en réclament de concert la suppression. Et, que d'établissements nés des intentions les plus pures, salués par des bénédictions et des espérances universelles (hospices des enfants trouvés, ouvroirs publics, etc.) ont trompé ainsi les vœux de la charité et les calculs de la sagesse ! La paresse, l'égoïsme, l'immoralité, ont bientôt spéculé sur ces institutions, et la bienveillance qui les avait fondées, a dû résilier entre les mains de la nécessité ou de la justice.

Bien des projets actuels, et des plus brillants, des plus spécieux, expireraient de même à l'épreuve, le fond moral restant ce qu'il est.

Dispensation redoutable, mais invincible. Le vice (négatif ou positif) porte fatalement ses fruits de mort. Tous les renoncements et les dévoûments de la vertu sont impuissants à en arrêter les suites désastreuses ; ils ne peuvent que les adoucir partiellement. La loi de rétribution, proclamée par la conscience, cette loi qui dérive, non la moralité du bonheur, mais le bonheur de la moralité, et qui n'aura sa pleine application que dans le monde à venir, est pourtant déjà visible dans ce monde-ci : si elle l'est peu chez les individus dont, en se produisant avec trop d'éclat, elle lierait la liberté, elle l'est davantage chez les nations et chez les différentes classes dont les nations se composent. L'histoire est aussi un jugement de Dieu.

Quand je n'aurais pas d'autre critère vis-à-vis des théories socialistes, celui-là me suffirait. Elles intervertissent la loi de rétribution, et en l'intervertissant elles la détruisent. Non, le rapport entre la vertu et la félicité n'est point tel qu'on l'établit ; la seconde naît de la première dans l'ordre divin, plutôt que la première de la seconde ; la moralité ne saurait dépendre d'une simple organisation extérieure et de cette sorte de mécanisme dont on parle. L'attendre de là, c'est méconnaître la nature et la destinée humaine ; c'est démentir la raison, la conscience et l'histoire ; c'est se bercer de chimères. Sans le changement du cœur, le changement des choses est vain.

La théorie chrétienne est bien autrement rationnelle dans ses principes et dans ses moyens, redisons-le. Quelque incroyable que soit ce qu'elle exige, pour nos idées et nos mœurs actuelles, ce n'est pourtant que la généralisation de ce qui est en partie, savoir le règne de la justice et de la charité établi dans la société entière, comme il l'a été, comme il l'est chez un trop petit nombre de personnes. Loin de heurter la grande loi de rétribution, la théorie chrétienne l'a à sa base, elle en fait son principe et son facteur, elle n'en est que l'expression. Elle peut invoquer les résultats que la vie de l'Evangile a déjà donnés, quoiqu'elle ait été jusqu'à présent si rare, si faible, si défectueuse, et plus nominale que réelle. Que produirait-elle donc, cette vie, si elle agissait dans la plénitude de sa pureté et de sa force, si elle dominait les nations, si elle réalisait cette confraternité générale qui unirait les peuples en une seule famille, et que les Livres saints désignent sous le nom de royaume des Cieux ? Cette transformation de l'humanité, que la foi a toujours attendue, n'est peut-être qu'un idéal qui ne sera jamais atteint ici-bas. On est disposé à le croire quand on regarde aux données de l'observation plus qu'aux promesses de l'Ecriture ; cependant n'en pourrait-on pas voir comme une préparation providentielle dans le mouvement toujours plus rapide qui depuis des siècles porte le christianisme à l'empire de la terre? Si le christianisme se soumet les peuples, serait-il si étrange qu'il se soumît enfin les cœurs? Le premier fait n'est-il pas en réalité celui dont on doit s'étonner le plus? Et celui-là paraît assuré ; déjà la science le prophétise comme la foi.

7

Du reste une chose est certaine, et elle nous suffit, la diffusion de l'esprit chrétien donnerait un développement proportionnel de repos et de bien-être social ; à mesure qu'il prendrait possession du monde, le mal se retirerait devant lui, l'ordre matériel naîtrait de l'ordre moral ; il amènerait la solution paisible des hautes questions qu'on ne saurait plus éluder ni ajourner ; tandis que les réformes purement politiques ou économiques, même les plus opportunes, après avoir éveillé des espérances excessives, engendreront toujours des mécomptes, malgré les améliorations réelles qu'elles auront introduites, parce que laissant ouvertes les sources internes du désordre et du mal, le mal et le désordre reparaîtront toujours sous une forme ou sous l'autre. Lorsque le nuage des préventions, les illusions de la lutte et de la victoire se dissipent, les peuples se retrouvent au bas de la montagne avec leurs souffrances, leurs regrets et leurs désirs, comme Sisyphe avec son rocher. Il est facile d'inscrire des mots sublimes sur les drapeaux et dans les lois ; il l'est encore de briser des constitutions et d'en créer. Le difficile est d'obtenir l'esprit que ces mots et ces constitutions supposent. Cet esprit ne se décrète point. Il faut qu'il se forme au fond des âmes et qu'il passe de là dans la famille, dans la cité, et dans l'état. Et sans cet esprit, les meilleures institutions ne sont, répétons-le, qu'une lettre morte. Le simple changement des choses serait plus commode et plus prompt, je le sais, mais ce changement pour être efficace en exige un plus profond, celui des sentiments et des principes ; l'on s'insurge vainement contre la nécessité. Il en est de la vie sociale comme de la vie religieuse. Toujours on a vu l'homme donner tout, plutôt que de donner son cœur, et toujours il a éprouvé que, sans le don du cœur, tout n'est rien.

Ici viennent se placer des objections que nous pouvons d'autant moins négliger, qu'elles sont aujourd'hui vulgaires et généralement tenues pour péremptoires.

On vous accorde, nous dit-on, que le christianisme a été pour le monde un immense progrès, qu'il y a porté ou développé la plupart des grands principes qui le gouvernent, qu'en particulier il y a semé les germes de cette égalité, de cette liberté véritable, de cette fraternité sainte, que les peuples travaillent à faire passer de plus en plus dans leurs institutions. Sous ce rapport, nous ne ferons nulle difficulté de donner avec vous au monde moderne l'épithète de monde chrétien. Mais le christianisme a fait son œuvre; il est épuisé et dépassé. La direction de la société ne lui appartient plus; elle est aux mains d'hommes étrangers à la foi; la chaire cède partout à la tribune et à la presse.

Le christianisme, à force de fixer les regards sur un monde futur, perd de vue le monde présent : uniquement préoccupé de former dans l'homme l'être spirituel et céleste, il y néglige l'être social. Aussi laisse-t-il entièrement de côté les questions industrielles, économiques et politiques. Vous ne trouvez indiquée ni de près ni de loin, dans les Livres saints, la solution d'aucun des problèmes sur lesquels l'humanité concentre de nos jours toutes ses forces, parce qu'ils sont pour elle les problèmes de la vie ou de la mort.

Et non-seulement sur tout cela le christianisme se tait, mais si l'esprit qu'il inspire pouvait devenir dominant, bien loin d'activer le développement du bien-être social, il l'arrêterait à jamais. Proclamant que son règne n'est pas de ce monde, il recommande le mépris des félicités terrestres, il fait une vertu du renoncement et un mérite de la pauvreté. Le dogme chrétien est incomplet, pour dire le moins; dans sa poursuite d'un idéal chimérique, il passe sur les biens réels et prochains; ses tendances les plus hautes sont en flagrante opposition avec l'esprit moderne.

Ces jugements se rencontrent maintenant partout; chacun a pu les entendre ou les lire mille fois. Ils ont une vérité apparente, qui frappe d'entrée et lorsqu'on reste à la superficie des choses. Mais sont-ils la vérité, la vérité vraie? Ne tiennent-ils pas, soit à ce jeu si commun de la polémique, soit à ces vues partielles de l'intelligence, qui faussent les doctrines en les brisant et en exagérant certains points particuliers, qu'on dépouille encore de leur signification propre par cela même qu'on les détache de l'ensemble ?

Nous pouvons passer rapidement sur le premier fait. Dans un siècle où l'on ne veut, pour employer une expression devenue fréquente, que l'Evangile du bien-être ou, dans une sphère plus élevée, l'Evangile des droits, il est tout simple que la chaire chrétienne jette peu d'éclat. Elle parle peu des droits et des intérêts, et beaucoup des devoirs; l'Evangile qu'elle annonce n'est pas l'Evangile de l'homme, c'est l'Evangile de Christ, l'Evangile de la grâce et de la vie; la question à laquelle elle répond n'est pas celle du socialisme, c'est celle de la conscience : *Que faut-il faire pour être sauvé?* Quant à nous, si nous avions un reproche à lui adresser, ce serait de se laisser tenter trop souvent aux discussions du jour, et de se transformer en tribune contre l'esprit et le but de son institution.

Mais ce n'est là qu'une accusation secondaire et en quelque sorte extérieure; arrivons à celles qui, pénétrant davantage au fond des choses, portent sur le contenu même du christianisme.

On affirme que l'Evangile reste en arrière et en dehors du mouvement des temps modernes, on le déclare dépassé, parce qu'il ne résout ni n'aborde les questions vives de notre époque.

L'attaquer par ce côté, c'est méconnaître sa vraie nature, c'est oublier son caractère et son but réels. Prétendre le juger là dessus souverainement, c'est montrer une complète ignorance de ce qu'il est, c'est se méprendre sur un des traits constitutifs de sa durée, de sa puissance et sa grandeur.

Une autre accusation contraire et tout aussi fréquente montrerait au besoin qu'on a un sentiment confus de l'injustice de celle-là : en même temps qu'on fait un crime à l'Evangile de ne pas se mêler assez aux intérêts de ce monde, on en fait un au clergé de s'y mêler beaucoup trop, et de se rendre infidèle parlà au véritable esprit de son ministère. Evidemment l'une de ces accusations neutralise l'autre, et nous croyons la seconde mieux fondée que la première. Mais n'insistons pas.

Sans doute le christianisme ne s'occupe ni d'industrie, ni d'agriculture, ni de commerce, ni d'économie sociale; il ne s'occupe pas davantage de science et de gouvernement. Il ne devait pas, il ne pouvait pas le faire. Le christianisme n'est ni une philosophie ni une politique; il est une religion, et une religion qui aspire à être universelle et éternelle. Comment se serait-il lié à des systèmes que le progrès des idées et des choses emporte incessamment avec lui? Comment se serait-il rendu solidaire de ces formes que traversent les peuples dans le déroulement successif de leurs destinées? S'il l'eût fait, il se serait fait du même coup temporaire et local, il se serait abaissé au niveau des autres cultes; il aurait renoncé à sa plus haute mission. Mais par cela seul qu'il ne détermine rien dans l'ordre temporel, il laisse tout libre. Il agit à l'égard des institutions publiques, comme à l'égard des vocations individuelles : ce qu'il demande, c'est qu'on accepte sincèrement sa doctrine de vérité et de vie, sa loi de justice et de charité; puis il laisse les individus être agriculteurs, artisans, marchands, littérateurs, magistrats; il laisse les états être républicains, constitutionnels, monarchiques, et l'être de telle ou telle manière. Seulement il verse chez ses disciples, et par eux, dans le corps social, l'esprit qui anime, épure, élève toutes choses; et de la régénération intérieure qui est son unique but, il tire progressivement la régénération extérieure à laquelle il semble ne pas toucher.

Lors de son apparition, il ne se mêla pas davantage aux questions du temps; il ne s'adressa ni aux gouvernements ni aux peuples, il s'adressa aux âmes seules et ne leur parla aussi que de leurs intérêts éternels; cependant il a tout pénétré, tout transformé et créé à la lettre un monde nouveau.

Hé bien, reprend-on, c'est ce côté par lequel vous voulez le défendre et le relever, qui prête aux attaques les plus sérieuses. Quelque bienfaisant qu'il ait pu être à d'autres époques, l'esprit de l'Evangile est décidément antipathique à notre temps; la direction qu'il imprime à la vie intérieure et extérieure est aujourd'hui irréconciliable avec les conditions premières du bien-être et du progrès social; dans sa plus haute expression, il se réduit à un ascétisme mystique qui ne voit que le Ciel, et qui y tend en foulant aux pieds les trésors de la terre. Livrez le monde à cet esprit, et le mouvement industriel s'arrête, la richesse est maudite, la pauvreté et la souffrance sont glorifiées, la dévotion prend la place du travail, le couvent devient le type de la société parfaite.

Cette accusation serait sans réplique, nous en convenons, vis-à-vis d'une conception fort ancienne, et trop commune encore du christianisme. Mais elle tombe, avec la dogmatique qui lui sert de base, dès qu'on embrasse la doctrine et la vie évangéliques dans l'ensemble de leurs éléments constitutifs. Il ne reste plus qu'une erreur greffée sur une vérité dénaturée et mutilée.

Oui, le christianisme arrache l'homme au monde et à lui-même, pour le tourner vers Dieu et vers le Ciel. C'est une des principales dispositions qu'il forme et nourrit dans les cœurs. Nous faisant souvenir sans cesse que nous sommes des êtres immortels soumis à l'épreuve, il ne nous permet point de laisser prendre aux intérêts terrestres, quels qu'ils soient, le premier rang dans nos pensées et dans nos affections. Dans sa haute notion de la félicité et de la misère, il ne laisse au fait qu'un seul mal réel : le péché, et qu'un seul bien réel : le salut; il déclare que tout est vain auprès de ce bien suprême, et que tout doit lui être sacrifié résolument, fortune, gloire, vie même, quand il ne peut être acquis ou conservé qu'à ce prix.

Mais ce détachement du monde n'est en réalité que la subordination des intérêts et des penchants au devoir, principe que toute morale, même la plus relâchée, pose nécessairement à sa base.

Et puis, ce n'est là qu'un des effets du christianisme. Loin d'être sa fin dernière, relativement à la vie de ses disciples ici-bas, ce n'est en un sens que son point de départ; loin d'être son but, ce n'est que son moyen ; ou, si l'on veut, c'est son but premier, qui devient la condition d'un autre. Si le christianisme élève ses disciples du monde au Ciel, il les ramène du Ciel dans le monde, pénétrés de sentiments qui doivent tout renouveler en eux et autour d'eux. Il les laisse à leurs vocations terrestres, qu'il sanctifie toutes, pourvu qu'elles n'aient rien de contraire à la moralité. Il vivifie les diverses occupations humaines, en unissant au mobile intéressé d'autres mobiles qui le soutiennent quand il s'affaiblit, qui le contiennent quand il s'égare. Les dispositions religieuses qui n'aboutissent point aux œuvres demeurent sans valeur, et les œuvres les plus saintes sont celles de la justice et de la bienveillance, que l'Evangile élève bien au-dessus des pratiques du culte : *Dieu veut la miséricorde et non le sacrifice*(1). Les salutaires influences de la vraie piété s'étendent sans cesse de l'ordre spi-

(1) Matth. xii, 7, et xxiii, 23.

rituel sur l'ordre temporel. Dans toutes les sphères de la vie, le terme de la foi pure est l'action, parce que son objet est le bien. Le ministère de Jésus-Christ fut un long dévoûment. Il guérissait les corps et les âmes par sa parole. Il était sorti de la boutique d'un charpentier. Il s'entoura d'artisans. St. Paul fabriquait des tantes dans les intervalles que lui laissaient les soins de son apostolat. Et dès que dans les églises qu'il avait fondées, il se manifeste des tendances vers une vie inactive et vaine, il se hâte d'y relever le précepte du travail, soit par cette considération d'intérêt personnel qu'il faut que chacun pourvoie à ses propres besoins et à ceux des siens, soit par cette raison de justice que le travail seul donne droit de participer aux ressources sociales que le travail a amassées (1), soit par ce motif de charité que le chrétien doit se garder d'être à charge à personne, et se mettre en mesure d'être utile à tous.

Il en est des intérêts, dans l'Evangile, commes des affections; il en est du renoncement au monde comme du renoncement à soi-même. L'homme est tenu de sacrifier à sa conscience ses inclinations et ses jours, de même que ses biens. Mais il ne se perd que pour se retrouver dans des conditions meilleures. Si les affections les plus profondes et les plus saintes doivent être subordonnées, et, quand les circonstances en imposent la loi, immolées à l'amour de Dieu, principe moral et devoir suprême, l'amour de Dieu relève toutes ces affections qu'il s'est soumises; il les anime en même temps qu'il les règle; il les rend plus vives, plus fermes, plus énergiques en les rendant plus dévouées et plus pures. Examinez ce qu'il est pour l'amour paternel et maternel, pour l'amour filial, surtout pour l'amour du prochain. Où ces instincts du cœur, qui font tout à la fois le lien et le charme de la société, prennent-ils plus d'accroissement et d'empire? où portent-ils des fruits plus abondants, que dans leur union avec le sentiment religieux tel que l'inspire la parole de Jésus-Christ? Or, la même loi régit les affections naturelles et les intérêts légitimes. Les intérêts doivent aussi être subordonnés et, s'il le faut, immolés au devoir. Mais le devoir les ramène,

____

(1) *Celui qui ne travaille pas ne doit pas manger*, II. Thess. III, 10.

et en en régularisant la recherche, il lui restitue en persévérance ce qu'il peut lui ôter en ardeur fiévreuse. La terre a été confiée dès l'origine à la garde et aux soins de l'homme. Les biens de la nature sont des dons de Dieu comme ceux de la grâce. Sans y mettre son cœur et son trésor, le croyant peut en jouir; il est tenu de les faire valoir; il en est le dépositaire responsable, et le sort du serviteur inutile est là pour le détourner de la négligence et de l'oisiveté. Placez chaque membre de la société, avec ces sentiments, en face de sa tâche personnelle, après lui avoir fait comprendre que le progrès du bonheur général tient à l'accroissement de la production matérielle, aussi bien qu'au relèvement des croyances et des mœurs, et cherchez à prévoir ce qui en résulterait. Le christianisme d'ailleurs ne proscrit nullement le désir naturel du bien-être; il ne veut que le retenir sous l'autorité de l'obligation morale. Lui qui fait de si énergiques appels au mobile intéressé dans ses rapports avec la vie future, en contesterait-il la légitimité, la nécessité, dans ses rapports avec cette vie.

La loi du travail reste pour le chrétien; elle reste avec la triple sanction qu'elle a reçue de l'innocence primitive, de la chute et de la réhabilitation (1).

Cette face de la vie chrétienne n'en est pas moins réelle, pour avoir été fréquemment méconnue ou voilée.

Ce n'est pas tout. Il existe dans l'Évangile un autre principe d'une puissance et d'une portée incalculables; c'est son principe de charité, d'où sortiront un jour pour les peuples, s'il arrive à l'empire, des effets qu'on ne sauraient encore concevoir, quoiqu'on commence à les pressentir.

Le christianisme, faisant de l'amour du prochain le signe caractéristique, le prolongement essentiel de l'amour de Dieu, complète la morale religieuse par la morale sociale. D'après ses enseignements, si la seconde n'a de valeur qu'en s'appuyant sur

____

(1) Nous avons encore ici un exemple de ces reproches contraires qu'on adresse au christianisme. L'économisme l'accuse de négliger et d'amortir le mobile intéressé, et la philosophie d'en faire un trop grand usage.

la première, la première à son tour n'a de réalité qu'autant qu'elle produit la seconde (1). La piété se constate par la charité. Le fidèle, comme le Christ, doit traverser la vie en faisant le bien.

Jusqu'ici la charité chrétienne n'avait guère été envisagée que sous ses formes passives et dans ses effets individuels; on la réduisait à la mansuétude et à l'aumône; si l'on comprenait ce qu'elle est au cœur des croyants, on ne comprenait guère ce qu'elle est au cœur des nations. Son influence sociale était peu remarquée. Et pourtant elle constitue cet esprit nouveau sous lequel s'épanouit le monde moderne; la liberté et l'égalité en sont un écoulement; la fraternité n'en est qu'un autre nom.

Ce sentiment céleste, qui nous sort de nous-mêmes et nous fait vivre en autrui et pour autrui, *plus heureux de donner que de recevoir,* porte en germe tous les progrès. Il devient au corps social ce qu'est au corps humain cette force vitale qui lutte sans relâche contre toutes les causes de douleur ou de destruction, qui incessamment conserve, répare, renouvelle, et dont l'action continue et secrète ne se montre que par ses effets.

Examinez quelle en serait l'influence vivifiante et régulatrice dans la famille de l'ouvrier. Il en bannirait tous les désordres et tous les relâchements, il y maintiendrait une activité paisible et féconde, il instruirait à prendre chacun le plus possible du fardeau commun, afin de l'alléger à tous. Sous son empire, les parents reculeraient-ils devant les fatigues et les privations pour empêcher leurs enfants de tomber jamais à la charge des autres? Ne joindraient-ils pas constamment l'économie sévère au travail assidu? Les verrait-on exposer l'avenir de leur maison, en se livrant dans les jours prospères à ces excès de repos, à ces goûts de dissipation, à ces dépenses de vanité, d'où sortent tant de gênes et de misères? De leur côté, que ne feraient pas les enfants pour assurer le bien-être des auteurs de leurs jours dans leur vieillesse et leurs infirmités? Aurait-on le scandale d'un si grand nombre de pères et de mères réduits à chercher un réfuge étranger contre l'inaffection et l'oubli de ceux qu'ils ont nourris

____

(1) I. Jean IV, 12, 20.

dans leur sein ? Ah ! faites rentrer au plus vite un peu de piété chrétienne dans la famille, ne fût-ce que pour y retenir les derniers restes de la piété filiale. Elle fera plus, à elle seule, que les palais des invalides du travail ; et sans elle ces magnifiques établissements ne suffiront point à leur destination, ils tromperont, comme tant d'autres, les intentions généreuses qui les fondent.

Le même esprit qui entretiendrait l'ordre, la persévérance, l'activité normale et productive dans la vie domestique, les porterait aussi dans la vie sociale, car l'une n'est que le reflet agrandi de l'autre, l'une et l'autre sont soumises aux mêmes conditions de souffrance et de prospérité. Les dispositions qui tariraient dans la famille les sources les plus abondantes du mal, et y raviveraient tous les principes du bien, produiraient les mêmes effets dans la société. C'est évident. Supposez-les répandues dans tous les rangs de la hiérarchie publique, depuis l'atelier jusqu'à l'assemblée nationale ; supposez-les dirigeant tous les cœurs et toutes les mains, dominant l'industrie, le commerce, l'agriculture, la science, la législation, ne verrait-on pas s'allier partout le devoir et le travail, ne verrait-on pas tomber rapidement les obstacles que rencontrent les réformes utiles, ainsi que les abus qui les dénaturent ? Car d'où naissent en définitive ces abus et ces obstacles, que des désordres de la personnalité ou de ses calculs ?

Sans doute l'esprit chrétien ne déciderait point par lui-même quelle est, pour chaque peuple et pour chaque époque, la meilleure constitution. C'est l'œuvre des législateurs, et il la leur laisse. Sans doute il ne déterminerait point quelle est l'organisation industrielle la plus équitable et la plus productive. C'est l'œuvre des économistes. Mais en tout temps et en toute situation, il mettrait tout le monde au service de toutes les bonnes idées, de toutes les bonnes causes, parce que sa loi, son essence, sa vie, est de se dévouer au bien. Montrez-lui des moyens efficaces d'arrêter la misère, il s'y attachera, quelques efforts qu'ils coûtent, quelques sacrifices qu'ils imposent. Montrez-lui ce qui doit se faire dans l'intérêt de tous ; et il agira, car il sait se dépenser déjà dans l'intérêt d'un seul. Montrez-lui des améliorations positives à opérer, et il mettra à votre disposition les ressources matérielles qu'il possède, il vous prêtera les forces morales dont vous avez besoin. Montrez-lui la solution du problème social si vous l'avez trouvée, montrez-la lui réelle, et non fantastique, vous l'aurez pour vous (1).

C'est encore là de l'idéal, nous dira-t-on. Hélas! oui; puisque nous supposons un état moral qui est si loin d'exister. Mais cette supposition du règne universel de la charité chrétienne, dans laquelle la discussion retombe toujours, rend en quelque sorte sensible ce que doit être son action, même imparfaite et partielle. On ne comprend bien les effets de la personnalité et de la bienveillance, qu'en se représentant la domination absolue de l'une et de l'autre sur la famille, la cité, l'état, et le genre humain tout entier.

---

(1) « Quand nous nous serons bien approprié ce sentiment (fraternité), plus rien de ce que nous avons à faire ne nous semblera mal aisé. La foi, dit-on, transporte des montagnes. La fraternité est plus puissante encore peut-être. Tout irait de soi alors, autant que c'est possible en ce monde. Une fois qu'elle occuperait dans les mœurs le rang que désormais la civilisation lui assigne, la fraternité donnerait à toute entreprise d'amélioration, qui serait bien conçue, une fécondité admirable.... Les expédients dès-lors se présenteraient en foule avec les moyens de les réaliser.... Les lois et les règlements se conformeraient au principe nouveau que la société aurait adopté pour base.....

» A titre de sentiment religieux, ou de conviction philosophique, ou d'opinion politique, que la fraternité se répande donc sur nous, qu'elle prenne possession des têtes et des cœurs, et en haut et en bas. Hors de là je n'aperçois que des tentatives sans résultat, du bruit sans effets, de folles entreprises renversées, la confusion s'introduisant de plus en plus dans nos lois, l'anarchie à la place du progrès, le despotisme plus ou moins déguisé se substituant insolemment à la liberté, les régimes les plus opposés s'établissant précipitamment les uns sur les autres, des ruines amoncelées au nom du progrès, des crises se succédant sans cesse, la généreuse entreprise qui avait été si bien commencée en 1789 avortant d'une façon misérable, et pour terme définitif, l'irrévocable déchéance de notre nation. »

Michel CHEVALIER, *Question des travailleurs*, 10.me *lettre.*

Du reste, revenons aux faits. Le mouvement ascensionnel des peuples, sous toutes ses directions, s'opère partout plus ou moins dans les contrées chrétiennes et ne s'opère que là. Où en chercher, où en trouver la cause, ailleurs que dans le christianisme lui-même et dans l'esprit dont il pénètre les nations ? Je ne prétends pas que d'autres causes n'aient agi, que l'influence des philosophies et des législations, celle des évènements et des hommes, celle des institutions et des intérêts, et mille autres encore, ne se soient unies à celle des croyances et des mœurs, et n'aient même été souvent prépondérantes, au point de paraître seules. Ce que je veux dire, c'est qu'il a fallu à ces influences extérieures, pour être efficaces, l'appui secret de la force interne dont elles ont suivi ou subi l'impulsion ; la preuve en est visible. Dans tous les lieux où cette force s'est rencontrée avec elles, elles ont, malgré leurs diversités, produit un résultat foncièrement identique, tandis que, lorsqu'elle leur a manqué, elles ne l'ont donné nulle part. Les limites du christianisme, répétons-le, sont celles de la civilisation européenne. Voilà le fait, et il est décisif. Si la civilisation pénètre dans des pays soumis à d'autres cultes, elle y demeure comme une étrangère, jusqu'au moment où ces cultes tombent devant l'Evangile. Elle ne prend réellement possesion, elle n'arrive à l'empire qu'avec lui et par lui.

On ne saurait donc le contester raisonnablement, de quelque manière qu'on l'explique d'ailleurs, et quelques conclusions qu'on en tire, le progrès des peuples chrétiens, avec les caractères généraux qui lui sont propres, a dans l'esprit chrétien ses causes les plus profondes ; il ne peut les avoir que là. Dès-lors, comment révoquer en doute l'heureuse et constante influence du christianisme ? Son action dans le passé révèle celle qui lui appartient dans le présent, celle qui lui est réservée dans l'avenir. Lui seul répond, à vrai dire, aux besoins qu'il a créés. Aussi embrasse-t-il la vie sociale toute entière. Il pénètre l'ordre économique comme l'ordre politique ; il relève tous les intérêts comme il a relevé tous les droits ; il donne également les trois termes du programme de la révolution. Et si c'est du troisième qu'il faut surtout attendre les améliorations dont on se préoccupe le plus aujourd'hui, qu'on se rappelle que c'est celui-là que l'Evangile a donné primitivement et directement, que c'est de celui-là qu'il a fait sortir les deux autres : la liberté et l'égalité ne sont que des conséquences de la fraternité, et la fraternité n'est qu'une des désignations ou des applications spéciales de la charité chrétienne. La charité qui l'a produite la rend seule réelle et féconde. Détachez-la de la charité, elle n'est plus qu'un instinct ou qu'un mot, qu'un sentiment passager, ou qu'une formule vide.

A ce fait général, nous pourrions joindre mille faits particuliers. Nous nous bornons à un.

Dans les montagnes des Vosges, cinq villages restaient de plus d'un siècle en arrière du reste de la France, sous le rapport de l'industrie et de l'agriculture, comme sous celui des lumières et des mœurs ; formant une peuplade à part et presque sans communication avec le dehors, ils se faisaient remarquer par une ignorance à peu près complète, une misère profonde et une demi-barbarie. Le temps où les membres de la famille, faute de pouvoir se vêtir tous décemment, n'allaient à l'église qu'à tour de rôle, et où l'on se nourrissait de pommes et de poires sauvages, est à peine effacé de la mémoire des vieillards. Tous les plans d'amélioration étaient repoussés comme des innovations dangereuses. Tout à coup cependant tout prend un aspect nouveau ; des routes soigneusement entretenues ouvrent des relations faciles entre les différents villages et avec les dehors de la contrée ; des ponts sont construits, des lits sont creusés aux torrents, les huttes se changent en habitations commodes et agréables ; l'agriculture fait de rapides progrès, une société composée des cultivateurs les plus intelligents applique et popularise les bonnes méthodes, des essais de divers genres sont tentés, des plantes précieuses sont introduites et prospèrent (1) ; la population quintuple et se distingue par son industrie, son activité, son amour pour l'ordre et pour le travail ; des mains habiles exercent des métiers auparavant inconnus ou perfectionnent ceux qui existaient ; des produits nombreux s'exportent annuellement en des lieux où l'on n'envoyait rien autrefois et d'où l'on ne recevait rien ; une caisse se forme

______

(1) En 1818, la Société centrale d'Agriculture proposait ces villages comme des modèles complets d'économie rurale.

pour l'amortissement des dettes que la misère avait fait contracter et n'avait pas permis d'acquitter ; une autre pour faciliter les emprunts et assurer des avances aux entreprises utiles. Toutes les branches de la civilisation y sont également en progrès ; chaque commune a son école et l'on y suit les meilleurs modes d'enseignement ; des réunions périodiques animent le zèle des élèves, une bibliothèque, ouverte à toutes les conditions comme à tous les âges, nourrit le goût de la lecture, alimente le désir de l'instruction, et propage les connaissances industrielles et religieuses ; il n'est pas jusqu'aux sciences physiques dont on ne reçoive quelques notions élémentaires. La première enfance elle-même est l'objet de soins éclairés ; une tendre et vigilante sollicitude dirige ses jeux et la préserve des dangers auxquels son inexpérience l'expose, ainsi que des habitudes vicieuses, des mauvais principes qu'elle contracte si facilement. Les mœurs sont devenues plus douces et plus pures. De nombreux exemples d'une haute vertu révèlent l'état moral du pays mieux que tout ce qu'on pourrait dire. « A la mort d'un père ou d'une mère pauvre, laissant une nombreuse famille, les parents, les amis, les voisins du défunt se chargent de ses enfants et en prennent soin. Il y a dans presque chaque ménage un ou deux de ces enfants adoptifs, et l'on songe à peine à vous dire qu'ils ne sont pas de la maison. Les jeunes gens secondent les vieillards et les malades dans leurs travaux champêtres. Le soir, leur tâche finie, ils se donnent le mot et vont faire en commun un travail qui, par son but charitable, devient un délassement...... La vache, unique soutien du pauvre, vient-elle à manquer ? toute la paroisse se cotise pour la remplacer aussitôt. Ces choses n'ont pas lieu par une sorte d'entraînement ou parce que l'habitude les a introduites, mais elle sont le résultat de la conviction de chaque individu, qui en prenant part au bien qui se fait par toute la population, fait aussi le bien en particulier (1). » Ils se sont pour la plupart imposé la loi de consacrer à des œuvres de bienfaisance le dixième de leur revenu ou de leur gain annuel ; aussi, à part les secours qu'on répand autour de soi, des sommes considérables se versent encore dans les

_____

(1) Archives du christianisme, 9.me année, 10.me livraison.

caisses de sociétés étrangères qui ont pour but de propager les bienfaits du christianisme et de la civilisation dont il est la base.

Comment s'est faite cette heureuse et rapide révolution? Revêtu d'un ministère de paix et de bénédiction, un homme a paru dans ces contrées. Sans autre puissance que sa parole et sa vie, sans autre richesse que son exemple, il a changé le Ban de la Roche; au moral et au physique, il y a opéré comme une création nouvelle, et le nom d'Oberlin y sera long-temps en vénération.

Telle est la vertu de l'esprit chrétien quand il est vivant et pur. C'est ainsi qu'il transforme tout sans bouleversement ni péril.

L'action du christianisme est multiple dans son unité, parce qu'il y a plusieurs effets à produire pour que le développement social, comme le développement individuel, soit régulier et fécond. Il faut activer et contenir tout ensemble. Le mobile intéressé, par exemple, a besoin d'être réglé plutôt que stimulé. Dans la vie privée, la loi civile l'environne de barrières; il importe qu'une loi supérieure le domine aussi dans la vie publique. Livré à lui-même il amènerait un désordre infini. Où est, à vrai dire, le danger le plus grave de la situation actuelle? N'est-il pas essentiellement dans cette soif du bien-être, dans cette fureur d'élévation ou de jouissance qui engendre d'un côté une ambition sans bornes, de l'autre une insubordination sans frein, et partout une douloureuse inquiétude? On peut s'étourdir là-dessus; mais que gagne-t-on à ne pas voir ce qui est ou à ne pas dire ce qu'on voit?

Le problème social est complexe. La vie des peuples exige la présence universelle d'une force qui anime et modère tout à la fois, qui tienne à égale distance de l'apathie et de la surexcitation. La langueur et la fièvre sont l'une et l'autre des états maladifs.

Cette force, le christianisme la possède dans son double principe de foi et de charité, de renoncement et de dévoûment, de détachement et de retour.

Par son premier principe, déprenant les âmes de la terre, il attaque à sa racine la redoutable passion du jour, il va droit à la source du mal, il frappe au cœur la cupidité, la sensualité, la vanité, aussi funestes à l'ordre et au bien public qu'au repos et au bonheur domestique. Sans détruire le mobile intéressé, partie intégrante de notre nature, il l'arrache aux forces désordonnées qui l'égarent si fréquemment.

Par son second principe, il substitue aux forces irrégulières qu'il a détrônées, une force nouvelle aussi expansive et énergique qu'élevée et pure. Reversant dans le monde la vie venue du Ciel, dominant les instincts et les calculs de la personnalité par les inspirations de la charité et de la justice, il attache ses disciples au culte du bien, il leur apprend à porter une pensée religieuse jusque dans leurs occupations les plus communes, jusques dans leurs fonctions les plus humbles. Vivifiant toutes les vocations et les œuvres légitimes, il les consacre comme une espèce de sacerdoce. Tout ce qui est bon demeure; il n'y a de rejeté que le mal; il n'y a de changé que l'esprit du travail, que le principe intérieur de l'activité.

Le chrétien peut porter dans les affaires autant de constance et d'énergie, que l'avare ou l'ambitieux; seulement il agit dans d'autres sentiments. Quelque position qu'il occupe, il est tenu d'en remplir les obligations avec une religieuse exactitude, pour la gloire de son Dieu et pour le bien de ses frères. Qu'il soit balayeur des rues ou gouverneur de l'Etat, sa piété doit redoubler son zèle et son dévoûment. Si elle ne produit pas cet effet, elle est bien erronnée ou bien faible. Le signe prétendu de sa force est la preuve de son infirmité. Ainsi l'esprit chrétien, qui transforme l'homme tout entier, transformerait également la société toute entière.

Dès-lors que reste-t-il de l'objection? L'ascétisme, tel qu'on l'entend, n'est en réalité qu'une moitié du christianisme; il ne fournit qu'une portion du stade-évangélique. Le christianisme qui s'arrêterait à la vie contemplative et mystique, au point de détourner de la vie active, ne serait qu'un christianisme tronqué. L'homme est appelé par l'Evangile, non-seulement à rompre avec le mal, mais à le surmonter par le bien. Le christianisme complet, le vrai, le pur christianisme, après nous avoir élevé aux choses d'en-haut par la foi, afin de briser nos liens et de retremper nos âmes, nous replace par la charité au milieu des choses d'ici-bas, pour y glorifier Dieu dans nos œuvres et y avancer son règne en nous et autour de nous.

Remarquez que le premier effet du christianisme est essentiel au second. Pour avoir les bienfaits de la charité, il faut d'abord les détachements de la foi; pour dominer les intérêts et les entraînements, il faut un point d'appui supérieur: nul dévoûment réel sans renoncement préalable. L'égoïsme livré à lui-même inspirerait-il le sacrifice? La bienveillance qui s'oublie, naîtrait-elle de la personnalité qui ne voit et ne cherche qu'elle? Voudrait-on que des êtres qui ne connaissent d'autres biens que ceux de la terre, qui y placent leur espérance, leur félicité et leur vie, s'en dépouillassent spontanément dans un intérêt étranger? Ce serait vouloir qu'ils en fissent leur tout, et qu'en même temps ils n'y tinssent pas; ce serait se bercer de vains songes et de trompeuses illusions. C'est pourtant cette chimère que s'obstinent à poursuivre les théoriciens du jour; à peine leur a-t-elle échappé sous une forme, qu'ils se flattent de la saisir sous une autre.

Non, le vice du christianisme officiel n'est pas de détacher trop du monde, c'est de ne pas en détacher assez, en d'autres termes, d'être trop peu chrétien. L'esprit d'abnégation a besoin de croître infiniment en profondeur et en étendue, pour donner l'esprit de dévoûment, base fondamentale de l'ordre nouveau. A cette condition seule, vous pouvez vaincre cette apathie morale, cet affaissement des consciences et des caractères, cette idolâtrie du bien-être, ce sensualisme, cet égoïsme insatiable, d'où émane par mille canaux l'effrayante corruption sous laquelle le siècle se courbe de plus en plus, tout en s'en indignant. Vous ne guérirez pas le mal par des déplacements extérieurs qui ne l'atteignent point. Vous ne produirez pas le bien par la proclamation d'un mot, qui peut faire vibrer les cœurs, mais qui ne saurait les pénétrer, comme par une vertu magique, du principe sacré qu'il exprime. C'est le principe même dont il importe d'assurer et de généraliser l'empire. Et vous n'y réussirez, vous n'y pouvez réussir, qu'en acceptant l'autre principe qui lui sert de préparation et d'aliment. L'homme nouveau, pour employer une expression chrétienne, ne naît que de la mort du vieil homme. Ne craignez pas d'enlever les âmes à l'esclavage du monde, sous l'action de l'Evangile, pourvu que vous reteniez l'Evangile tout entier. Ne le scindez pas. Laissez-le se déployer dans son ensemble. Il n'aura pas accompli l'œuvre de la foi, que vous en verrez éclore l'œuvre de la charité ; les dévoûments suivront les renoncements ; une vie nouvelle surgira du sacrifice de l'ancienne, et vous recouvrerez tout au centuple.

On peut consentir ou se refuser à entrer dans cette voie. Mais on n'arrivera pas par une autre.

Le but que le socialisme manque, parce qu'il en fait son objet unique et immédiat, le christianisme l'atteint en le dépassant, et précisément parce qu'il le dépasse. Il faut viser plus haut pour y toucher et s'y fixer. Le christianisme politique, qui n'est qu'un christianisme écourté ou un socialisme masqué, échoue aussi, et par la même raison. Le seul christianisme qui puisse donner réellement le bien qu'on cherche, est celui qui n'y pense pas ou qui y pense à peine, dans sa poursuite d'un autre bien infiniment plus élevé ; c'est celui de l'Evangile ; celui de Jésus-Christ et des premiers chrétiens.

« Chose admirable », s'écrie Montesquieu, frappé d'un fait dont sans doute il ne se rendait pas pleinement compte, mais qu'il était mieux que personne à même de constater, « chose admirable, la religion chrétienne, qui semble ne promettre que le bonheur du monde à venir, fait encore notre bonheur dans ce monde-ci (1). »

En dernière analyse, l'objection se tourne en preuve sur la question sociale, comme elle l'avait fait déjà sur la question politique ; et l'on comprend qu'il en soit ainsi, quand on a reconnu que les deux questions n'en font qu'une. L'économisme commet aujourd'hui la même erreur que le libéralisme du 18.me siècle. La doctrine qu'on proscrivait alors comme ennemie des droits, comme antiphatique à l'égalité et à la liberté moderne, s'est trouvée en être la mère. Ce qu'on prend aujourd'hui pour un obstacle au développement du bien-être des peuples, en est le fondement nécessaire et l'appui le plus sûr.

Le christianisme est la réhabilitation intégrale de l'homme ; et la réhabilitation de l'homme est celle de la société.

(1) *Esprit des lois*. Liv. 24.

Avec le désordre intérieur, cesserait le désordre extérieur, qui en est la suite et la peine; mais aussi long-temps que le premier subsiste, le second ne saurait être extirpé : on ne réussit qu'à le pallier ou à le déplacer.

Si la réhabilitation morale était complète, si, dans l'union avec Dieu, tout était charité, sainteté, justice au dedans, tout deviendrait harmonie et félicité au dehors

Si, par impossible, le christianisme venait à périr sur la terre, sa chute compromettrait toutes les conquêtes de la civilisation. Les principes supérieurs qui animent et régissent notre société, qui renouvellent graduellement les mœurs, les opinions, les lois, tomberaient peu à peu, dès que leur manquerait l'esprit dont ils émanent, le fond invisible qui les porte et les alimente. Les droits acquis, les progrès accomplis par un si long labeur, s'en iraient l'un après l'autre, avec ce soufle d'en-haut où ils ont leur origine secrète. Les institutions resteraient quelque temps debout, mais elles dégénéreraient rapidement. Bien plus les ressources et les forces sociales, ce trésor des siècles, d'où la bienveillance espère tirer un si grand accroissement du bien public, pourraient se convertir en instruments d'oppression et de misère, en passant sous la direction de l'égoïsme.

Ne nous fions pas trop à l'axiôme que le développement des peuples est providentiel et par là continu et certain. Il l'est sans doute; mais à une condition, c'est qu'il ne se manque pas à lui-même et qu'il reste soumis à ses causes et à ses lois : sinon, non. L'humanité n'est pas un mécanisme, ni la Providence une fatalité.

En s'arrachant à l'ancienne erreur qui rapportait à de purs incidents, à des circonstances fortuites, à l'apparition de certains hommes, les révolutions qui changent ou précipitent le cours des événements, on s'est jeté dans l'erreur contraire. On paraît croire avoir tout expliqué quand on a dit que ces révolutions étaient des nécessités sociales, et tenir pour vaine, ou du moins pour superflue, toute recherche ultérieure des idées, des tendances, des causes internes, dont les nécessités qu'on signale ne sont elles-mêmes que la conséquence ou l'expression. On personnifie la société, on en fait un être à part, une puissance occulte, et comme le Dieu de ce monde qui tient sous sa main les hommes et les choses, dont il dispose à son gré. Ce mot magique de société, d'humanité, joue aujourd'hui le même rôle que celui de nature au dix-huitième siècle ; il engendre les mêmes illusions.

A l'empirisme historique substituer le panthéisme historique, c'est passer d'un extrême à l'autre, c'est traverser la vérité. Dans le déroulement des destinées humaines il y a sans doute l'enchaînement nécessaire des idées et des choses, des principes et des faits, mais il y a aussi l'intervention des volontés libres. Les peuples, comme les individus, demeurent responsables, parce qu'en face du bien et du mal, pouvant résister ou céder, ils demeurent les arbitres de leur sort.

Que de nations se sont éteintes après avoir jeté un grand éclat et toujours pour avoir laissé s'amortir les sentiments qui avaient fait leur élévation ! Voyez en particulier ce que devint le monde romain, malgré le développement de sa puissance et de ses richesses, malgré le perfectionnement de son administration et de sa législation, quand il eût jeté au vent ses antiques mœurs. Pourquoi ce qui est arrivé autrefois ne pourrait-il pas arriver encore ; pourquoi ce qui a eu lieu pour tant de peuples ne pourrait-il pas avoir lieu pour tous ? Le mouvement social n'est que le déploiment d'un germe sous des influences propices. Enlevez le germe, arrachez la racine, ôtez le principe vivant, le mouvement s'arrête et décline aussitôt. L'homme possède la haute mais redoutable faculté de recevoir ou de rejeter les semences célestes, de les cultiver ou de les délaisser. Ainsi, sous l'action divine de laquelle il dépend, il tient pourtant ses destinées dans sa main. Notre siècle a le tort, tantôt d'outrer cette action souveraine et de changer la Providence en un destin, tantôt de l'oublier et de faire de l'homme un Dieu. Il n'en reste pas moins que tout ce qui est a sa raison d'être ; mais cette raison suprême laisse à la liberté et à la responsabilité leur part.

Si donc le monde moderne, dans ses éléments les plus intimes et les plus profonds, est un produit de l'esprit chrétien, comme le proclament l'histoire générale, la conscience publique et la philosophie des langues, plus sûre que celle des écoles, n'est-il pas évident qu'il se suiciderait en se détachant du christianisme, puisqu'il perdrait son vrai principe de vie? Je sais qu'on échappe de bien des manières à cette induction. Je crois pourtant qu'elle est de nature à faire réflechir ceux-là même qu'elle frapperait le moins.

Que nous sommes-nous proposé dans ces quelques indications sur un sujet si capital aujourd'hui? En réclamant pour les moyens internes de perfectionnement social la prééminence à laquelle ils ont droit, avons-nous voulu, le moins du monde, déprécier les moyens externes? Loin de là. Nous les croyons indispensables les uns et les autres, et les uns aux autres; ils doivent s'unir et se prêter un mutuel appui. Notre pensée réelle a été de combattre une tendance d'isolement, comme nous aurions combattu en d'autres temps la tendance inverse. Si nous avons essayé de dévoiler l'insuffisance des moyens externes, c'est qu'on s'y attache trop exclusivement, qu'on s'y confie outre mesure, qu'on en attend infiniment plus qu'ils ne peuvent rendre par eux-mêmes, et que cette préoccupation générale crée un immense danger. Notre époque incline de plus en plus de ce côté là; pente funeste, d'où il importe qu'elle se relève et revienne au plus tôt.

Peut-être en combattant une erreur, avons-nous paru tomber dans l'erreur contraire. Nous savons combien il est difficile, dans des questions aussi complexes, de mener tous les principes de front, de maintenir dans une exacte proportion les différents termes du problème, de ne pas élever, au détriment des autres, celui qu'on désire faire ressortir, et qu'on voit méconnu ou négligé. L'organisme social est tellement compliqué et tellement vaste, il y a là tant d'intérêts et de besoins, tant de ressorts et de mouvements divers, que l'esprit le plus étendu est encore inhabile à en saisir tous les rapports; et quand on croit avoir découvert le régulateur ou le mobile dominant, on est presque toujours tenté d'en faire le régulateur, le mobile unique. Celui-ci attribue tout à la puissance des lois; celui-là, à l'action de l'industrie; un troisième à l'influence de la religion. L'homme qui a éprouvé ce que la foi est à l'âme et à la vie, la place naturellement avant tout, et court risque d'apprécier trop peu d'autres forces qu'il n'a pas suffisamment étudiées ; le métaphysicien met son espoir dans la philosophie ; le législateur, dans la constitution politique ; l'économiste dans l'organisation industrielle. Chacun, selon le point de vue où il se trouve, signale ce qu'il a devant soi et n'aperçoit que vaguement le reste. Ainsi font les peuples dans les directions successives où ils sont poussés ; aussi le mouvement n'est-il qu'une oscillation. Espérons qu'on saura s'élever enfin de ces aperçus partiels, de ces préjugés de position, à des vues d'ensemble qui permettent d'assigner à chaque principe d'amélioration, à chaque élément de prospérité sa fonction réelle, à chaque ordre de moyens son importance et sa place. Toute vérité incomplète engendre une erreur ; et toute erreur devient un péril en passant des idées dans les faits.

La nécessité d'unir constamment l'œuvre de moralisation à l'œuvre d'organisation se démontre par une observation bien simple, que nous avons plusieurs fois rappelée et qui domine tout ici : Le dualisme des moyens tient au dualisme de la nature humaine. Comme nous portons en nous deux êtres, l'être spirituel et l'être matériel, notre existence se compose aussi de deux vies, entre lesquelles il y a tout ensemble unité et diversité ; il s'y opère une action et une réaction constantes ; elles se pénètrent incessamment, en restant toujours distinctes : impossible ni de les scinder, ni de les absorber l'une dans l'autre ; le matérialisme et le spiritualisme extrême l'ont vainement tenté.

La société réflète l'image de l'homme ; et cela ne peut pas ne pas être, puisque la vie publique n'est que le résultat combiné de l'association des vies individuelles. Aussi le rapport réciproque des mœurs et des institutions s'y découvre-t-il au moindre examen. Si les mœurs préparent et fondent les institutions, les institutions influent à leur tour sur les mœurs. La loi est en un sens la *morale écrite ;* elle impose ce que la religion ne peut que recommander ; elle fait un devoir pour tous des actes dont le devoir faisait une loi pour quelques-uns seulement. Les perfectionnements politiques et économiques, l'universalisation du bien-être, la rapide communication des idées, ouvrent à la culture intellectuelle et morale d'innombrables ressources, dont un état social moins avancé reste nécessairement dépourvu.

Tout cela , nous le reconnaissons pleinement. Mais nous voudrions qu'on reconnût aussi, ou qu'on reconnût davantage, que le progrès matériel a ses causes les plus profondes dans le progrès moral ; qu'il doit s'y appuyer toujours ; que, s'il s'en sépare, il devient incertain et désordonné, par cela même qu'il perd sa base et sa règle.

Le bien-être n'existe que lorsque le développement interne et le développement externe s'opèrent de concert. Dès que les institutions résistent aux mœurs, ou que les mœurs manquent aux institutions, la souffrance naît avec la lutte. Sans doute les mœurs, quand elles sont générales et fortes, triomphent tôt ou tard des institutions qui leur font obstacle ; mais il n'en est pas de même des institutions, elles ne réussissent pas également à élever les mœurs qui leur font défaut. Or, tant qu'il en est ainsi, elles demeurent elles-mêmes en question.

S'il y a malaise lorsque les mœurs sont trop en avant des institutions, il y a péril lorsque les institutions sont trop en avant des mœurs.

Ce dernier état est en ce moment celui de la civilisation européenne. L'organisation sociale n'y est certes point parfaite, tant s'en faut, elle laisse encore infiniment à désirer, et personne ne s'y trompe. Mais quoiqu'il reste beaucoup à faire de ce côté, ce n'est pourtant pas celui sur lequel devraient se concentrer, comme elles le font, les sollicitudes, les craintes et les espérances. Le mal le plus grave, le danger le plus sérieux est ailleurs ; il est dans l'infériorité proportionnelle de la vie morale, ou, si l'on veut, dans la substitution progressive de la morale des droits et des intérêts à la morale des devoirs. Là est la raison principale de ces désapointements, de ces avortements, qui reviennent toujours à peu près les mêmes ; là est la cause secrète qui frappe de stérilité tant de réformes accomplies, et qui en rend tant d'autres impossibles.

Les désordres et les obstacles viennent moins encore du défaut des institutions, auquel tout le monde les rapporte, que du défaut des mœurs, dont en général on se préoccupe si peu. La conquête des droits n'aboutit point, parce qu'elle est privée de son auxiliaire indispensable , l'empire des devoirs.

A part toute autre preuve, ce fait ressort du simple rapprochement des trois termes dans lesquels se résument les progrès et les vœux de notre époque. La liberté et l'égalité ont leurs vraies racines dans la fraternité, elles en émanent et en vivent, elles ne peuvent ni durer, ni fructifier que par elle ; c'est-à-dire que les deux termes qui expriment les droits vont s'appuyer sur celui qui exprime les devoirs. Par où l'on voit que le principe moral est aussi le principe primordial du développement politique et économique, et qu'il doit en rester le guide et le gardien.

Mais ce fait conduit à un autre. La fraternité est un produit de l'esprit chrétien ; elle est l'esprit chrétien lui-même, vivant dans les nations qu'il a pénétrées peu à peu, et y poursuivant le bien général comme il avait de tout temps poursuivi le bien individuel.

Ces deux faits qui se manifestent d'eux-mêmes dès qu'on creuse tant soit peu le fond des choses, révèlent tout à la fois et la nature du mal, et son origine, et son remède. Le mouvement social, au point où il est parvenu, exige une vie morale plus haute ; il ne sera calme et prospère qu'à cette condition ; et cette vie morale, les institutions seules ne sauraient la donner, elle ne peut naître que du christianisme. Dans la crise qu'elle traverse, dans la rénovation qu'elle éprouve, la civilisation européenne doit retremper ses principes à leur source.

Peuples, on vous trompe quand on vous parle d'affranchissement au nom de l'irréligion. La foi n'est pas un esclavage ; c'est la liberté intérieure, mère de toutes les autres libertés ; c'est le bien suprême qui vivifie, par d'invisibles canaux, tous les autres biens ; c'est l'aliment divin de cette charité, de cette fraternité à laquelle sont suspendus, d'un aveu commun, vos intérêts et vos droits.

Socialistes, rendez-vous à l'évidence et à la nécessité. Vous convenez, tant les témoignages de l'histoire sont formels, que l'Evangile a été depuis dix-huit siècles la lumière et la vie des peuples. Pourquoi ne le serait-il pas encore ? Pourquoi ne le serait-il pas toujours ? Sa vertu céleste est-elle épuisée ? Vous l'affirmez souvent ; mais sur quoi repose cette assertion ? C'est par l'esprit de charité qu'il répand que le christianisme a surtout agi sur les nations. C'est de cet esprit qu'est sorti le renouvellement du passé. Et n'est-ce pas de ce même esprit que sort le renouvellement actuel? Le progrès des institutions n'en dépend-il pas à tel point que, s'il manque, tout manque avec lui? Or, cet esprit né de l'Evangile et qui, sous l'influence de l'Evangile, peut s'accroître indéfiniment, d'où le tirerez-vous si vous vous détachez du christianisme? Il ne suffit pas de le vouloir pour l'avoir, il ne suffit pas du calcul de ses avantages pour le former au fond des cœurs, il ne suffit pas non plus de l'y supposer pour l'y trouver. Il vous le faut cependant. Il est la condition *sine quâ non* de l'ordre et du bien. Encore une fois où le prendrez-vous, si vous vous détournez de la source d'où il descend? Jamais l'appui du christianisme ne fut plus indispensable au monde; jamais son action ne fut aussi manifeste, même sur ces intérêts auxquels il semble ne point toucher; jamais on n'eut autant de motifs de rester ou de se replacer sous sa direction. Cette parole du Christ: *Hors de moi vous ne pouvez rien*, se réalise dans l'ordre temporel comme dans l'ordre spirituel.

Poursuivez vos plans de rénovation extérieure ; efforcez-vous d'améliorer le sort des peuples en améliorant l'organisation de la société ; continuez la réforme des lois et des institutions, développez tous les droits, garantissez tous les intérêts, cherchez des combinaisons industrielles qui facilitent le travail et en accroissent les produits, proposez les moyens de faire descendre le bien-être dans tous les états et dans tous les rangs ; le christianisme, comme religion, si ce n'est toujours comme église, s'associe à ces efforts et à ces vœux, car que veut-il que la rédemption de la souffrance par la rédemption du péché? Il fera plus ; il vous fournira cette puissance morale, cette vie de la charité que vous ne pouvez trouver qu'en lui, et sans laquelle le but fuira éternellement devant vous.

Sondez les exigences de la situation, sondez-les dans toutes leurs profondeurs et dans tous les sens ; puis supposez d'un côté le christianisme éteint, de l'autre le christianisme dominant le monde par son esprit, et voyez quel est le parti que vous prescrit la sagesse.

Mais ce n'est pas assez d'un retour de forme, il faut un retour de cœur. Le christianisme ne se donne qu'à qui se donne; il ne sert que lorsqu'il règne. Quand on ne s'y attache que par des raisons de convenance ou de calcul, on n'en est pas possédé et on ne le possède pas. Les considérations politiques, comme les considérations esthétiques ou métaphysiques, laissent sur le seuil du sanctuaire ; elles n'y introduisent pas ; et c'est dans le sanctuaire que se dévoilent et agissent les puissances spirituelles. La religion superficielle, que ces considérations secondaires produisent ou entretiennent, et qui est fort commune de nos jours, ne vaut en réalité ni pour la terre ni pour le ciel. Ce n'est pas l'adhésion extérieure de l'intelligence ou de l'imagination que réclame le christianisme, c'est le don de l'âme ; ce n'est pas la simple vénération, c'est la foi. Ses bienfaits sont à ce prix. Il les donne, non par une vertu magique qu'attirent quelques pratiques ou quelques formules conventionnelles, mais par la puissance de ses principes. Voilà pourquoi il n'opère dans ce monde qu'en élevant à un monde supérieur ; voilà pourquoi sa morale qu'on honore toujours, n'est efficace que par son dogme dont on ne voudrait plus.

Nous ne vous demandons pas de vous soumettre à lui, en raison de ce que les peuples en ont reçu et de ce qu'ils peuvent en attendre encore. Son influence sociale constitue assurément une puissante présomption en sa faveur, mais ce n'est point sa preuve ; et c'est pour vous engager à peser la preuve, que nous invoquons la présomption. Etudiez ses titres directs de crédibilité, en laissant tomber les préventions qui les voilent de nos jours ; examinez, et vous croirez, et vous trouverez par la foi cette vie supérieure de la charité et de la fraternité, que vous cherchez vainement par d'autres moyens.

Et vous qui faites profession d'être restés fidèles au christianisme, vos obligations grandissent avec votre responsabilité. Gardiens de l'arche sainte qui renferme les tables du salut, la charte de l'humanité, vous êtes appelés, comme les premiers disciples, à être *le sel de la terre et la lumière du monde*. Représentants de l'Evangile, dans lequel réside l'espérance des peuples, vous devez en être aussi les apôtres ; et ne vous y trompez pas, vous le serez surtout par vos œuvres. Il ne suffit pas que le christianisme se démontre, il faut qu'il se montre ; il ne suffit pas qu'il prouve qu'il est la vérité, il faut qu'il prouve qu'il est la vie. L'attrait de ses vertus, l'élévation de ses mœurs, fut, vous le savez, sa principale force, à l'époque même où il était soutenu par les dons miraculeux et prophétiques, où les puissances célestes agissaient en sa faveur. C'est cette force qu'il a besoin de retrouver aujourd'hui. Il est urgent que l'action appuie de plus en plus la discussion, et qu'on puisse dire comme aux anciens jours : Venez et voyez. Les œuvres chrétiennes sont la meilleure apologétique : si elles manquent, les démonstrations logiques les plus éloquentes et les plus complètes resteront sans effet. Les Vincent de Paule, les Fénélon, les Howard, les Wilberforce, les Oberlin, les sœurs de la charité, les ouvrières de Lowel, font plus par leurs exemples que les théologiens par leurs arguments. La science chrétienne a sans doute son rôle, et il est grand en présence de cette spéculation téméraire qui, ne sachant pas s'arrêter aux données fondamentales de la conscience et de l'histoire, ébranle tout sous ombre de tout expliquer ; mais la vie chrétienne a aussi le sien, et il est plus grand encore, en face de ce travail universel de rénovation qui agite la société.

Eh bien ! sommes-nous, comme nous devrions l'être en des temps aussi solennels, les témoins de Jésus-Christ devant le monde ? Remplissons-nous, sous le double rapport qui vient d'être indiqué, les obligations que les circonstances nous imposent ?

Ce qui importe avant tout, c'est le raffermissement des croyances et des principes, c'est le réveil et l'extension du pur esprit de l'Evangile. Or, est-ce là ce dont on se préoccupe le plus ? Il y a depuis quelques années un certain déploîment d'activité et de zèle ; il y a du mouvement et du bruit ; la question religieuse s'est relevée. Mais pour peu que vous soyez attentif, vous découvrez bientôt qu'il y règne une erreur de même genre que dans la question sociale. Sans parler de la foule qui ne la prend que par le côté simplement littéraire ou politique, là même où elle est envisagée de plus haut et traitée en elle-même et pour elle-même, là encore, cédant à la pente du siècle, on s'inquiète plus de l'extérieur que de l'intérieur, plus de l'accessoire que de l'essentiel, plus de la forme que du fond vivant ; il s'agit en réalité d'église ou d'école plus que de christianisme.

Chacun s'agite autour de son principe ou de son drapeau ; chacun paraît croire que le triomphe de l'Evangile est attaché au triomphe de son idée particulière ; chacun semble dire : Soyez chrétien, comme je l'entends, ou ne le soyez pas du tout. La conception dogmatique a été un instant le point le plus vif des débats, c'est aujourd'hui l'organisation ecclésiastique. Tout cela a sans doute de la valeur, nous ne le contestons pas ; mais secondaire à toutes les époques, il l'est aujourd'hui plus que jamais. L'important est de raviver et d'assurer les croyances générales. Est-ce le moment de tant discuter sur la distribution ou la forme de l'édifice, lorsque les fondements sont minés de toutes parts ? Que je préférerais une bonne apologétique populaire aux plus brillants systèmes de théologie et d'ecclésiologie. Ce n'est pas seulement le christianisme-institution, c'est le christianisme-religion qui est en cause. La nécessité d'affermir les bases de la foi dans la pensée et dans la conscience publique est tellement visible, tellement pressante, que toutes les forces devraient se porter et se concentrer sur ce point. Cependant, parmi les innombrables associations religieuses de nos jours, il ne s'en est pas formé une seule dans ce but suprême qui intéresse également toutes les églises, et pour lequel toutes auraient pu et dû s'unir.

C'est certainement une faute grave. En voici une autre qui ne l'est pas moins.

Si vous mettez de côté les sentiments et les actes purement religieux, vous trouvez que la vie morale des chrétiens de profession n'est guère plus élevée en moyenne que celle des non-croyants : elle se montre surtout généralement faible en ce qui concerne les vertus sociales, c'est-à-dire précisément le côté par où le monde la juge, et sur lequel l'Evangile insiste le plus. Voit-on chez eux ce détachement et ce désintéressement qu'implique leur foi ? Y voit-on plus qu'ailleurs cette rigidité de principes, cette fidélité, cette véracité, cette délicatesse scrupuleuse, qui devraient leur être comme naturelles ? Y voit-on cet effort constant vers une moralité toujours plus haute et plus pure, dont les livres saints leur font une si impérieuse obligation ? Y voit-on cette abnégation, cette douceur, ce support,

cette miséricorde, cette sympathie, ces mille dispositions consti-
tutives de la charité, qui respirent partout dans les enseignements
et les exemples de Jésus-Christ? Je ne veux pas dire que les
influences de la foi soient nulles; mille faits me démentiraient,
grâce à Dieu. Mais ne restent-elles pas à une distance infinie
de ce qu'elles pourraient et devraient être? Où est cette existence
supérieure qu'on attend des membres de la cité céleste? Que les
dévoûments sont faibles et les renoncements superficiels!

Evidemment le christianisme pratique, le vrai christianisme,
n'est pas saisi dans sa profondeur, j'ai presque dit n'est pas
pris au sérieux, par un grand nombre de ceux qui se déclarent
ses disciples. Ils s'arrêtent à un christianisme professionnel,
ombre effacée du christianisme réel. De là autant de mal qu'une
conduite plus digne de l'Evangile produirait de bien. Si le monde
estime l'arbre par ses fruits, nous n'avons pas droit de nous en
plaindre, puisque c'est le critère que nous invoquons nous-mêmes.
Il y a là un avertissement et un jugement dont nous devons
profiter. Et puis, répétons-le, ce qui importe par-dessus tout,
c'est une vie franchement chrétienne. Quand elle agirait seule
et tout à fait en dehors des questions et des préoccupations du
moment; quand elle irait simplement devant soi, étrangère
au mouvement socialiste, elle exercerait encore une influence
incalculable, si elle était pure et forte. Elle ferait ce que le
christianisme pratique a fait dans tous les temps. Tandis que
les corps politiques et ecclésiastiques, ou, à leur défaut, de libres associations, accomplissaient leur œuvre extérieure pour
la garantie des droits et des intérêts généraux, tels qu'on les
comprenait, le christianisme pratique, poursuivant son œuvre
intérieure, semait les sentiments, les principes, sur lesquels ces
intérêts et ces droits devaient se greffer et se déployer. Ainsi
en est-il du chrétien. Sans se mêler aux discussions de la
science religieuse, il est l'apologiste de sa foi, par cela seul
qu'il est un évangile vivant; sans s'unir aux essais de réforme
ni aux luttes de la tribune, de la presse, de la place publique,
il contribue au progrès social aussi réellement que le publiciste
et l'économiste; l'esprit dont il est animé et qu'il inocule plus
ou moins autour de lui, même à son insu, est le germe fécond

des vrais perfectionnements. Au chrétien, mieux qu'à personne, s'applique le vieil adage que l'homme le plus vertueux est le meilleur patriote. En dernière analyse, et quelque paradoxale que cette assertion puisse paraître à qui n'y a point réfléchi, c'est sur les obscurs disciples de la justice et de la charité que reposent essentiellement la sécurité et la prospérité nationale. Cela deviendra plus évident de jour en jour.

Chrétien, lève la tête. L'heure est passée d'avoir honte de ta foi et de ta vie, et de les cacher aux yeux du monde. Tu peux les lui laisser voir, et le forcer à les respecter au nom même de ces intérêts dont il fait son tout. Seulement veille à garder religieusement dans ton cœur et à reproduire fidèlement dans tes actes les principes évangéliques; on ne gagne rien à les mitiger par faiblesse ou par condescendance, leur pureté qui fait leur prix au dedans fait aussi leur force au dehors.

Mais si c'est par l'action secrète de leur vie que les chrétiens sont surtout utiles à l'œuvre sociale, s'ils la servent sans y prendre une part directe, ils peuvent certes s'y associer activement, et dans bien des circonstances ils le doivent. Or, ce devoir, ils ne s'en rendent pas toujours bien compte, souvent ils le méconnaissent et le repoussent. Autre erreur qu'il est urgent de constater et de rectifier.

Il n'est pas rare que des disciples sincères de l'Evangile, par suite de scrupules exagérés ou déplacés, se tiennent à l'écart lorsqu'ils devraient agir. Le mouvement industriel se montrant presque partout entaché de matérialisme, leur inspire des craintes et des défiances qu'ils ne savent pas surmonter. L'ardeur dans la recherche du bien-être leur semble se concilier mal avec le principe du renoncement et de l'épreuve qui domine la vie spirituelle; ils se disent que le règne de Christ n'est pas de ce monde, et qu'on l'altère en le mêlant à des intérêts purement terrestres, etc., etc.

Il y a là du vrai, et beaucoup; mais un vrai tellement incomplet qu'il aboutit au faux. Ces dispositions tiennent plus qu'on ne croit à l'ascétisme mystique, cette plante étrangère qui envahit de si bonne heure l'Eglise, où on la cultiva avec une sorte de prédilection, la croyant issue de la semence céleste, et

qu'il est grand temps d'extirper du sol sacré. Même sous sa forme
la plus pure, l'ascétisme ne serait encore, nous l'avons vu,
qu'une moitié du christianisme. L'Evangile nous élève au-dessus
du monde pour nous y ramener; il rattache notre vocation éternelle au religieux accomplissement de notre vocation temporelle.
La foi qui se consacre à Dieu a pour expression nécessaire la
charité qui se consacre au bien. Cela seul bien compris dissiperait
les scrupules et les doutes. Il reste là une question qui n'a pas
encore été suffisamment éclaircie, et qui mériterait de l'être dans
le double intérêt de la société et du christianisme. Nous regret-
tons de pouvoir à peine y toucher.

Le matérialisme industriel est, à vrai dire, un accident; il
naît de l'esprit du temps et de la constitution vicieuse des ateliers. Le travail est de sa nature moralisateur. Les conquêtes
de l'industrie tendent à l'affranchissement des âmes, et non à
leur asservissement; à mesure qu'elles soumettent les forces
physiques, elles économisent et dégagent la force humaine;
elles doivent assurer à tous plus de loisirs et de moyens pour leur
culture intérieure; et il appartient au christianisme de concourir,
par l'élévation de ses doctrines, à leur faire rendre le plus promptement et le plus complètement possible ce grand résultat.

Quant à l'épreuve, qu'on se rassure, il en restera toujours bien
assez pour l'exercice de la foi et de la vertu. Mais qu'on se
souvienne que l'épreuve salutaire est l'épreuve acceptée, et non
l'épreuve cherchée; l'Evangile n'ordonne ni n'autorise la souffrance volontaire. Qu'on se souvienne encore que si la richesse a
ses dangers et ses tentations, la pauvreté a aussi les siens.
Qu'on refléchisse de plus à ce qu'emportent la loi du travail et
le précepte de la charité; et qu'on prenne garde d'étouffer une
des principales obligations chrétiennes, sous une autre qui s'est
faussée au contact impur de doctrines étrangères. Le but de la
charité n'est-il pas de détruire la misère et la souffrance, autant
que la constitution naturelle des choses le permet? Et le peut-
elle sans travailler incessamment à réformer les abus, à renverser
dans les institutions les causes vivantes du désordre et du mal,
à relever ou à garantir les droits opprimés, à rendre la production industrielle et agricole plus abondante? Les biens qu'elle

désire répandre, doivent d'abord être créés. Et pour cela, il faut qu'elle entre dans la voie du socialisme, qu'elle s'associe à son œuvre, qu'elle appuie ses efforts et ses plans. Qui veut la fin, veut les moyens.

Sans doute le règne de Christ n'est pas de ce monde; il en a toujours été séparé, il doit l'être toujours. La distinction du temporel et du spirituel, loin de s'effacer avec le progrès social, se tranche de plus en plus. Le christianisme ne peut pas plus se rendre solidaire d'aucun système d'organisation politique ou économique, que d'aucun système de philosophie ou de théologie, non seulement parce que, comme religion, il se propose uniquement le salut des âmes, mais aussi parce qu'il demeure éternellement le même dans ses dogmes et ses préceptes constitutifs, tandis que ces systèmes passent ou se modifient sans cesse. Mais, si le christianisme, qui embrasse tous les temps et tous les lieux, doit rester en dehors et au-dessus des moyens temporaires et locaux de perfectionnement; s'il se borne à les vivifier par son esprit; le christianisme, qui ne vit qu'à un moment et en un lieu donné, est bien forcé d'y recourir, s'il ne veut pas se condamner au rôle du serviteur inutile en négligeant une partie de ses devoirs les plus formels et les plus saints. Il est citoyen en même temps que chrétien. Le rapport du chrétien au citoyen est à bien des égards le même que celui de l'Eglise à l'Etat. Tels ou tels membres de l'Etat se réunissent en Eglise sous l'empire d'une foi commune; mais ils reviennent sans cesse de l'Eglise dans l'Etat, ou, pour mieux dire, ils y restent toujours, ne différant de ceux qui ne partagent pas leurs croyances que par ces croyances elles-mêmes. Leur qualité de membres de l'Eglise ne leur crée ni priviléges ni empêchements comme membres de l'Etat; leurs principes religieux n'affectent en rien leurs fonctions civiles ou ne les affectent qu'invisiblement. L'Etat protège l'Eglise, dans la mesure déterminée par la loi, sans s'immiscer à ses dogmes et à ses rites; l'Eglise, à son tour, sans empiéter sur les attributions propres de l'Etat, lui prête l'appui de son action morale. Les deux sphères restent unies et distinctes; il n'y a ni rupture ni fusion. Le chrétien s'efface dans le citoyen, quant aux droits, mais non quant aux devoirs. La vie de la foi, en se tenant attachée aux régions supérieures, où elle a son principe et son aliment, pénètre de toutes parts la vie de ce monde. L'homme prépare sa destinée céleste par le fidèle accomplissement de sa destinée terrestre; l'une est le germe de l'autre. Le règne de Christ plane au-dessus des choses d'ici-bas; sans s'y mêler, il les touche, pour ainsi parler, de sa vertu divine, afin d'y détruire peu à peu tout ce qui est mal et d'y développer tout tout ce qui est bien.

Tôt ou tard tomberont les préventions réciproques du socialisme et du christianisme. Ils seront ramenés l'un vers l'autre par la nécessité des choses.

Plus le christianisme sera saisi dans son ensemble et dans sa vérité, tel que l'Evangile le donne, plus son influence sociale sera étendue et puissante, plus il remplira cette partie de sa mission, importante quoique secondaire, à laquelle ses disciples ont toujours cru, alors même qu'ils la contrariaient souvent par leurs négligences ou leurs erreurs.

Plus le socialisme constatera ce qu'exige la réforme économique et politique, plus il sentira le besoin d'appuyer le progrès matériel sur le progrès moral, plus il se convaincra qu'il ne peut atteindre son but, qu'en se pénétrant plus profondément et plus complètement de l'esprit chrétien.

Le socialisme plus éclairé et le christianisme mieux compris se rencontreront comme deux alliés naturels, étonnés de s'être pris un instant pour des adversaires.

* 9 7 8 2 0 1 1 7 8 2 8 6 1 *